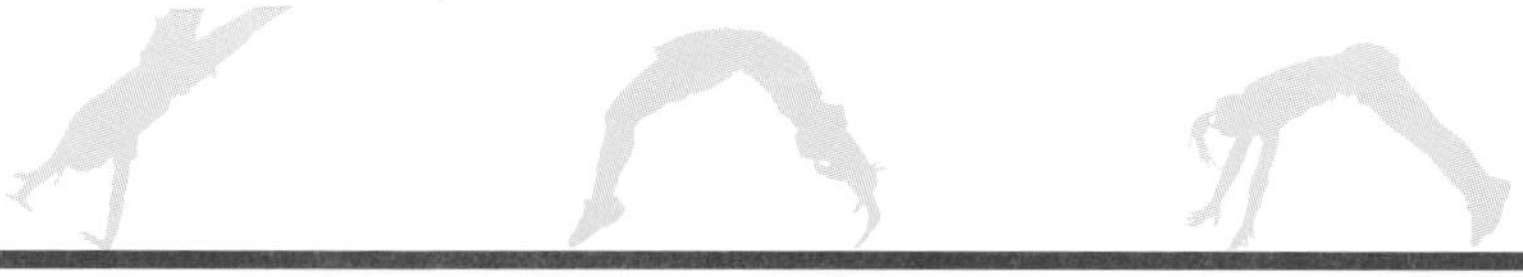

チアリーディング
完全上達BOOK 新版

帝京大学チアリーディング部監督
岩野華奈 監修

メイツ出版

はじめに

チアリーディングは、もともと応援として始まった競技です。チームの応援団として観客をリードし、華やかで力強いパフォーマンスを見せていく中で、「お客さんを惹きつける」という部分が、次第に競技として確立されていきました。

競技としてのチアリーディングでは、自分たちの持ち味を生かしながら、可能な限り自分たちの能力を発揮できる演技構成を作ることが大切です。そして、自分たちが考えた演技を見たお客さんが、喜んだり驚いてくれる姿を見られることが、この競技の醍醐味だと

思います。
本書では、チアリーディングの基礎となるテクニックから応用技や連続技に至るまでを、幅広く解説しています。本書の順番で練習に取り組むことで、段々と難しいテクニックができるような流れになっています。また、バッファローズのメンバーたちが日頃取り組んでいるトレーニングメニューも紹介しているので、練習の参考にしてください。
本書が、見る人を感動させたいと思うチアリーダーたちの役に立てば幸いです。

帝京大学チアリーディング部
バッファローズ監督　岩野華奈

この本の使い方

この本では、チアリーディングのテクニックを上達させるためのコツを50紹介しています。

チアリーディングの歴史や安全に行うためのポイントから始まり、パートナースタンツ、ピラミッドなどのテクニックはもちろん、効果的なルーティーンの作り方やトレーニング法に至るまで、幅広く網羅しています。

チアリーディングは、基礎をしっかり身につけてから、徐々にハイレベルな技へと移行することがとても大切です。そのため、本書は最初から読み進めていくことが理想です。

コツは原則として2ページにひとつ紹介されています。各ページには、テクニックを習得するためのポイントとコツがあげられていますので、理解を深めるための手助けにしてください。

※本書は2015年発行の『チアリーディング 完全上達BOOK』を「新版」として発行するにあたり、内容を確認し一部必要な修正を行ったものです。

CHECK POINT

コツをマスターするためのポイントを紹介している。取り組む際は、常に意識して行おう。

タイトル

このページでマスターするポイントと、テクニックの名前などが一目でわかるようになっている。

CHECK POINT
- かけ声をかけてタイミングを合わせる
- ヒザを伸ばし身体を曲げない

コツ **10**

エレベーター①トップ

身体を締めてまっすぐに立つ

上がったら身体をまっすぐに

エレベーターは、マスターしておきたい重要なスタンツの一つです。

トップは、向き合っているベースの後ろ側から、ベースの手の上に飛び乗ります。その際、両手をベースの肩に置き、自分の体重を支えます。その後、一度、全員でジャンプを開始する動作のように脚を屈曲させてから、一気に身体を締めてまっすぐに立ち上がります。ここで身体がフラフラしてい

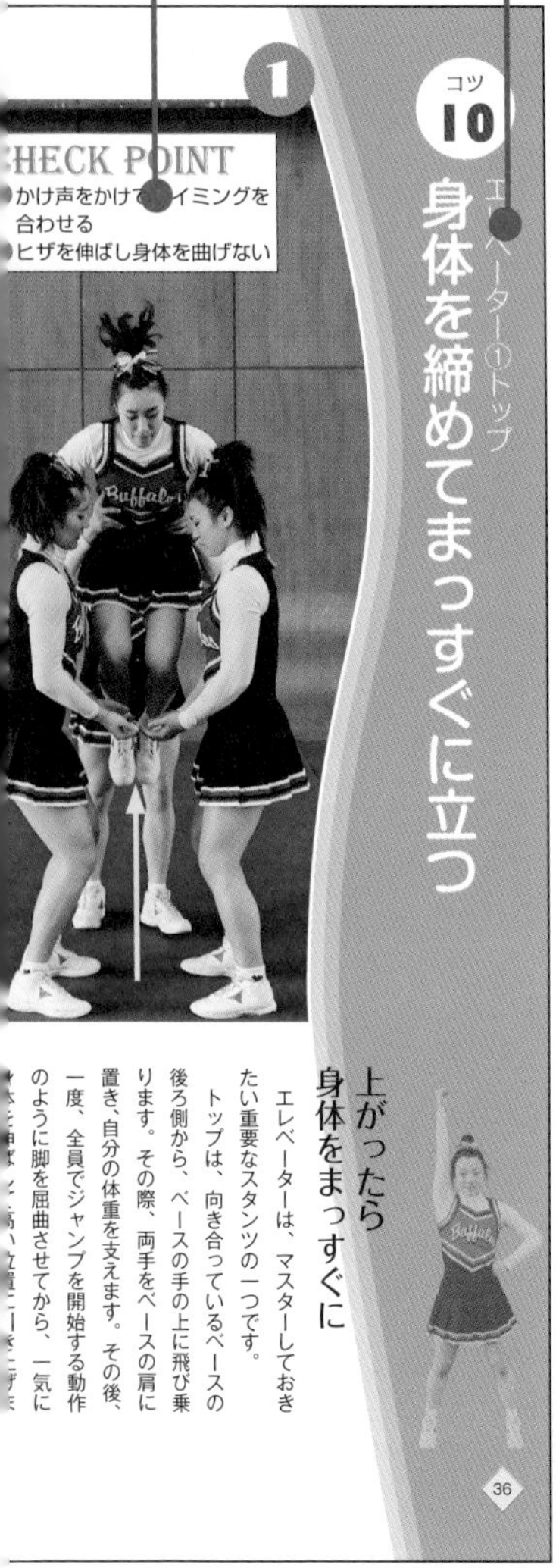

POINT
うまくテクニックを行うためのコツを、写真を使って紹介している。

4

POINT
身体を一気に
伸ばす

3

POINT
かけ声をか
タイミング
合わせる

でベースの肩を押して、自分の胸と肩を上へ引き上げるようにして、一気に身体を伸ばしましょう。

高い位置に上がったら、トップはすぐにヒザを伸ばして身体をまっすぐに伸ばします。身体を曲げたり、下を見るとバランスを崩したり、落下の原因になりますので注意しましょう。

POINT 1

かけ声でタイミングを測る

腕の力だけで上がるのではなく、タイミングを合わせて飛ぶように上がることを意識する。そのためにもかけ声が大切。「ダウン」「アップ」など、チームであらかじめ決めておき、まずは地上でタイミングをとる練習をしておく。

POINT 2

上がったら身体を一気に伸ばす

高い位置に上がったら、すぐにヒザを伸ばし、身体を締めてまっすぐに立つ。この姿勢を保つには、タンブリングでの身体作りも重要になる。床に寝転がり、身体と内モモを締め、足を持ってあげてもらっても、身体が一直線になるよう練習しよう。

37

もくじ

PART 1

チアリーディングの魅力

強豪チームの強さの理由

各ポジションに合った選手を配置する

練習を本番に生かせるチームが評価される

チアリーディングの大会では、自分たちが練習してきたことを100％発揮できたチームが良いと評価されます。もちろんその中で、難しいことができるチーム、美しくできるチームが勝っていき、評価されるのですが、自分たちにどれくらい能力があるのか、ということを理解したうえで、できるだけ面白い演技構成を作り、練習を重ねることが大切です。そして、いかに練習したことを本番で発揮できるかが勝負となります。「自分たちの良さをどれだけ出せるか？」というところが、この競技の面白いところですね。

筋力を鍛えることで技をより美しく見せられる

見た目は華やかなチアリーディングですが、想像以上に体力を使うスポーツです。基本的な筋肉がなかったり、体力がないと、ただ技ができないというだけではなく、ケガにつながってしまいます。

また、何となく技が完成したとしても、筋

力がある人の方が、より美しく技を見せられます。上にのぼっていく速さや、高さにも違いがでますね。高さがあれば技の幅が広がりますし、力の強さがあれば、その分、難しい技にも挑戦できます。

簡単な技をやるだけであれば、すごく頑張って筋力トレーニングをする必要はないかもしれませんが、やはり「いろいろな技に挑戦したい！」ということであれば、筋力トレーニングは必要になってきますね。

チームワークと信頼関係を大切に

練習するにしても人の上に乗ったりとか、人をキャッチしたりするわけですから、もちろん信頼関係がないと取り組めないと思います。競技として人に見せるとき、練習してきた通りに力を発揮するとなると、自信を持って見せないといけません。自信がないと失敗に繋がってしまったりするので、そういう意味でも、チームワークは大事です。誰か一人が油断すると、技の失敗だけでなく危険度も増すので、信頼関係と、集中力がとても重要になります。

役割ごとに合う体型があることを理解する

トップはある程度、体重が軽く、運動能力に長けた方がいいですね。背が低い子がやるというわけでもないのですが、基本的には下で支える子は大きい子の方が適しています。特にスポッターだと、背が高い方がやりやすいというのはありますが、上に乗る子は柔軟性が高かったりとか、捻りができたりとか、様々な動きができる子の方が有利になります。加えて、小さい子が活躍できるスポーツは少ないですから、各自の身体の大きさが高くても生かされるところがあるし、低くても生かされるところがあると言いたいですね。

高いところが苦手な子は練習の中で克服して欲しい

またトップの子でも極端に高いところを怖がりすぎると、やっぱりそれは向いてないなと思うので、中間層のポジションにしますね。あとは、練習してやり方を覚えていく中で、克服してもらえればと思っています。どんなスポーツにせよ、全く危険がないというものはありません。段階を経て、練習を重ねていって、怖い子は怖さに打ち勝つしかないですし、逆に、まったく怖がらないというのも、かえって危ないですから。恐怖心は練習で解消していくという感じですね。

ベースとスポッターには冷静な判断力が求められる

ベースとスポッターは、トップが上からいつ落下するかわからないですし、トップの状況をよく見ていないといけないので、冷静な判断力が求められます。もちろん熱くなるときもあるかと思いますが、いつでも冷静に判断して、失敗の時にはすばやく対応できる能力と集中力が必要です。あとは、トップが安心できるくらい余裕がある、どっしりしている子の方がいいです。慌てふためいて、オドオドしているようだと、「大丈夫かな?」と思われてしまいます。そういった意味では、女の子でいえば、お姉さん肌のような、しっかりした子がいいと思います。

また、スポッターは背が低いと届かない場合があるので、不利になる技もあります。そういう子はベースに回します。演技構成にあわせて、うまく人を当てはめるようにしています。

演技によってポジションは変わる

チアリーディングは演技によって、ポジションが変わります。ポジションの幅が広く、三つしかないですからね。野球みたいに、センター、ライトとかそういうのはないので、ベースの中でも、「この技のときにはここを担う」という感じです。なので、何でもできるのが一番良いのですが、高さが違うと見栄えも悪かったりするので、高さを左右揃えたり調整が必要です。

幼少期の体操経験が有利になる

帝京大学の場合は、高校から始める子が多いのですが、大学から始める子もたくさんいますね。そして今は、子どものうちから始めるというのも増えています。子どもの頃から体操競技をやっている子が有利になる可能性は大いにありますね。やっぱり見ていて、身体の使い方が上手だなと思います。

とはいえ、小さい子は高さに決まりがあるので、その範囲の中で取り組んでいます。どちらかというと、子供の頃はスタンツはあまりやらずに、モーション、ダンス、タンブリングなどの基本の動きをしっかりやりますね。

タンブリングで身体を動かす準備を始める

一日のスケジュールは、ウォーミングアップをして身体を温めてから、ストレッチをし、まずはタンブリングの運動から入ります。それによって、身体を動かす準備ができるのです。その後に、大会の練習をやって、週に2~3回ウエイトトレーニングをしています。これは、練習外でやるときもあれば、練習の中でやるときもあるので、スケジュールに合わせながらやっています。

一日の流れは、タンブリングをしたら、大会で使う演技の部分的なものを練習して、できるようになってきたら、つなげて練習します。その後、本番を想定して、全部通してやります。平日は16時半から20時まで。休日は、9時半から17時半までみっちりやりますね。

筋力トレーニングが上達のポイント

体力、筋力トレーニングができる子は上位のチームにいるなという印象があります。また、ここぞというときに集中力を発揮できる選手が、上達できるかなと思います。

練習の中で遅れをとっている子は、基本的なものをできるようになるまで、繰り返しやらせています。時間がかかったとしても、長い目でみてあげることが大切かと思います。焦らせるようなことはしないですね。あとは努力次第だと思うので、自分で足りないと思うのであれば、時間を見つけて取り組んでほしいです。

バッファローズ躍進の理由

自分たちだけでやっていると、「できた＝完成」だと思いがちですが、その「できた」の質がどれくらい高いか、技術として完成されているか、というところを見てくれる人がいるのはいいことだと思います。選手たちは客観的に見ることができないので、本当の完成度がわかりにくいものです。

あとは、何でもかんでもやるのが良いのではなくて、「大会でどういう演技をしたいか」ということに焦点を合わせて、スケジュールを組み、トレーニングをしてというように、大会から逆算したスケジューリングの方法がうまくいっているのかなと思います。

また、ケガ人が少ないチームなので、大会でケガ人が出て演技が変わってしまったりということが滅多にありません。そう言う意味では、練習通りのことができているチームだから上手くいっているのかなと思います。

チアリーディングの大会では控えの選手はいない

チアリーディングはタイミングがとても重要なので、切羽詰って大会当日にメンバーを変えるということはないですね。多少のケガでも、その子本人ががんばって出るか、そういう事態にならないよう、細心の注意を払って練習するかですね。仮にケガをしてしまったら、演技を変えたりなど、レベルを下げて演技を簡単にして対応したりなどはあると思います。バッファローズは、急に誰が入ってもできるというような、そういうチームにはしていないですね。何回も何回も練習してきたメンバーで当日に臨むというのが理想です。

見る人をワクワクさせる演技をしたい

競技をやっている以上、いつも大学で日本一をとるということがチーム全員の目標です。そして、大会に出たメンバーだけが喜ぶのではなくて、チーム全員が結果を喜べる、誇りに思えるようなチームになりたいですね。

あとはチアリーディングは魅せる競技ですから、見た人がワクワク感動できるような演技をいつもしたいと思っています。

コツ 1

チアリーディングの歴史

人を惹きつける魅力に溢れるチアリーディング

CHECK POINT
1 観客と掛け合いをし、惹きつける
2 自分たちの能力を最大限発揮する
3 完成度が重要になる

アメリカから始まった人を魅了するスポーツ

チアリーディングは、アメリカが発祥のスポーツです。そもそもは大学において、スポーツの応援をしたり、学校や地域のイベントを盛り上げる活動が元になっています。そのため、観客や選手を応援して、元気づけることが目的でした。人を惹きつける魅力を持っているチアリーディングは、そこからより高い表現レベルを求める中で、技術を競い合う競技へと発展していきました。

現在の日本でも、応援を主目的としたチームも数多くあります。また、ルールに則り、技の難易度や華やかさを競うスポーツとして取り組むチームもあります。この本では、スポーツとして行うことを主目的とした、競技としてのチアリーディングを紹介しています。

POINT 1 演技で観客と掛け合い魅力的な構成を作る

チアリーディングは応援から始まったスポーツで、観客との掛け合いを含めた演技でなければならない。演技構成は、見ている人を惹きつける魅力的なものを作ることが大切だ。

POINT 2 能力を最大限発揮できる構成にチャレンジ

競技会で高評価を得るためには、自分たちの能力を最大限発揮できる構成にチャレンジすることが重要だ。そのためには能力を100％発揮できるように、心身を鍛え、技術を磨いていこう。

トレーニングで
身体を鍛えよう

ワンポイントアドバイス

競技会によってルールは異なる

チアリーディングのルールは、出場資格はもちろんのこと、演技ができる範囲や演技時間、演技内容など、競技会によって異なる。出場を決めたら、事前にルールをしっかり確認して、ルールに則った演技構成を考えよう。

POINT 3 難易度ばかりでなく完成度が重要になる

競技会では、ただ難しい技を繰り出せば良いというわけではない。難易度だけでなく、演技の完成度が重要になる。

コツ 2

4つのポイント

安全に気をつけてチアリーディングに取り組む

CHECK POINT
❶身なりを整えて練習に入る
❷ウォームアップをしっかり行う
❸まずは簡単な技をマスターする
❹スポッティングをつける

安全な練習方法を身につけよう

チアリーディングでは、トップの選手は高い位置で技を行うため、安全性には十分な配慮が必要となります。競技を楽しむためにも、安全な練習方法を身につけましょう。

まず第一に、身なりや環境を整えてから練習に臨むことが大切です。また、練習に入る際には入念なウォームアップやストレッチを行ってから技術練習に入ります。

スタンツの練習では、簡単な技から始め、徐々に難易度をあげるようにしましょう。また、スポッティングをつけたり、マットを使用して、安全性を高めましょう。

筋力トレーニングで体力をつけたり、体操の技術を習得することも正しい身体感覚を身につけるのに役立ちます。

POINT ❶ 練習にふさわしい服装をしよう

スタンツの際に引っかかると危険なので、アクセサリー類は全て外し、ヒモやポケットのある上着も避ける。練習時は、動きやすい短パンがベスト。また、スタンツの際には、落下した場合も考えて、マットを敷くなど練習に最適な環境を整える。

POINT ❷ ウォームアップは欠かさない

練習前には、準備体操やウォームアップを行い、ケガを予防する。さらに、体操の床運動の技術であるタンブリングを学ぶことで、身体感覚を身につけ、上達を早めることができる。トランポリンは脚力や身体の締めを鍛えたり、空中での姿勢を練習するのに役立ちます。

POINT ❸ 基礎的な技から練習する

練習は「基本的なもの→応用」「簡単なもの→難しいもの」「低いところ→高いところ」「単純なもの→複雑なもの」へと段階的に進めて習得していくことが大切。これにはさまざまな理由があるが、安全性を高めることと、基本的な感覚が身についていると、応用が効くことがある。1日の練習でも同様に、基本的なものから始めることで、身体や心の準備が整っていく。

POINT ❹ スポッティング（補助）をつけて練習しよう

正しい技の形を覚え、失敗への恐怖心をなくすためにも、練習では必ずスポッティングをつける。ピラミッドでは、トップにはもちろんのこと、2層目の人にもそれぞれスポッティングをつけ、誰が崩れても受け止められる状態にする。

コツ 3

モーション

正しい手・腕・脚の位置を覚える

基本姿勢
手はバケッツで握り、腰に当てる。身体がまっすぐにして立つ。足を開いた状態と、とじた状態がある。

チーム全員が揃うように基本形を覚える

モーションとは、手、腕、足の基本の形のことを指します。チアリーディングでは、これら基本的な腕の形を組み合わせて動きを作ります。美しさを出すためにも、チーム全員の形が揃っていることが大切で、腕の形やこぶしの向きなど、正しい形を覚えましょう。

基本となる姿勢は、腰に手を当てて身体をまっすぐにして立つ姿勢です。足は開いておく場合と、揃えて閉じる場合があります。

腕を前方に伸ばし、手の甲を天井に向けて4本指を丸め、親指を添えるようにして握りこぶしを作ります。この形を「バケッツ」と呼びます。バケツを持つような姿勢をします。この「バケッツ」から手の甲と肘を外側に向けたものが「キャンドルスティック」です。手の握り方は、この2種類が基本となります。

手の握り方①

バケッツ

手の甲を天井に向けて4指を握り、親指を添える。手首を曲げずに腕からこぶしまで一直線に伸ばす。

手の握り方②

キャンドルスティック

バケッツから、手の甲を外側に向ける。その名の通り、ロウソクを持つような手の形。手首は曲げず､腕を一直線にする。

手の握り方③

ブレイド

5本の指をそろえて伸ばす。指先までしっかりと（V字にするだけではない）伸ばすことが大切。

ハイブイ（High-V）

バケッツのまま、腕を斜め45度に上げ、Vの字を作る。VICTORY（勝利）のVの字を表している。

ライトダイアグナル

右手をハイブイ、左手をローブイの位置にする。左腕をあげ、右手をさげるレフトダイアグルもある。

ローブイ（Low-V）

ハイブイをそのまま下げた形。

ボーアンドアロー

Tモーションから片腕を曲げた形。写真では右腕を曲げているが、左腕を曲げる形もある。

Tモーション

バケッツで腕を真横に伸ばして床と平行にし、Tの字のような形を作る。

ダガーズ

キャンドルスティックで肘を曲げて、腕を脇に引き寄せる。両腕が平行になるようにすることがポイント。

ブロークンT

Tモーションから、肘の位置を変えずに、両腕を内側に曲げる。肩の前に握りこぶしが来るような形になる。

ローダガーズ

ハイダガーズを真下に下ろす。両腕は平行にしたまま、身体から少し前に離す。

ハイダガーズ

ダガーから両腕を真上に伸ばす。ヒジはしっかりと伸ばし、腕をこめかみにつける。タッチダウンモーションと呼ぶこともある。

ライトLモーション

右腕をTモーション、左腕はハイダガーズの位置に置き、Lの字を作る。腕を反対にするとレフトLモーションとなる。

パンチアップ

片方の腕はハイダガーズ、片方の腕は腰に当てる（基本姿勢の形）。真上に伸ばした腕はこめかみにつけることが大切。

クラップ

ブレードの形で、胸の前で手を合わせる。この形のまま、リズムをとるため、拍手する。

クラスプ

ワキをしめ、胸の前で手を合わせる。この形のままリズムをとるため、拍手をする。

PART 2

パートナースタンツ

コツ 4

パートナースタンツとは
トップ、ベース、スポッターがタイミングを合わせる

CHECK POINT
❶トップは腰を安定させて姿勢を保つ
❷ベースは身体全体でトップを支える
❸スポッターはトップから目を離さない

チームで息を合わせて行う「スタンツ」

チアリーディングでは、スタンツと呼ばれる、二人以上が協力して行う組体操のような技が最大の見せ場になります。スタンツには、少ない人数で行う「パートナー・スタンツ」と、そのパートナー・スタンツをいくらかつなげた「ピラミッド」があり、いずれも演技をよりエキサイティングなものに見せるために欠かせない技術です。

どちらのスタンツも、「トップ」と呼ばれる上に乗る人、「ベース」と呼ばれるトップを支える人、そして「スポッター」と呼ばれるトップを補助し、身を守る役割の人の組み合わせで行います。

いずれも、高さが出るため、危険性のある技術なので、安全な練習方法をマスターし、簡単なものから順番に技を習得していきましょう。

POINT 1 正しい姿勢をキープする

トップは、ベースが作った土台の上に乗るポジション。腰を安定させて姿勢をキープすることが最も重要だ。自らバランスをとろうとして、重心を変えてしまうと、逆にバランスを崩してしまうので、置き物になったようなイメージで、正しい姿勢を保つこと。軽くクライミング（のぼる・上がる動作のこと）することも大切。

POINT 2 全身を使ってトップを支える

ベースは土台となるポジション。手や足など、身体の一部だけで支えようとしがちだが、身体全体を使って支えることが大切。足をしっかりと踏ん張り、背中から首を一直線にして腹筋を締めて、身体を安定させる。また、トップの動きを常に確認することも重要だ。

POINT 3 トップを常に見て安全を確保

スポッターはトップの動作を補助し、身を守る、重要なポジション。トップが上に乗ったら、腰や足首など、手を伸ばして届く部位をしっかりと持ち、トップから常に目を離さないこと。スタンツに入る前には、トップが落下した場合にどのように動くかを覚えておく。

ワンポイントアドバイス

ランジの基本姿勢を覚える

スタンツを行う際の基本姿勢の一つ「ランジ」では、腰をまっすぐ伸ばし左右に足を大きく開く。片足を曲げ、もう一方の足はしっかりと伸ばす。①曲げた足はかかとの上にヒザをのせ 90 度くらいにする。②腰と肩は正面に向け、まっすぐに保つ。③伸ばしている足のヒザはロック（まっすぐに伸ばす）という 3 つのポイントがある。

コツ 5

練習メニュー

簡単な技から徐々に難易度をあげる

CHECK POINT
❶基礎技術を最初に練習
❷スポッティングを習得
❸キャッチングをマスター
❹バスケットトスは難しい

基礎的な技から徐々に身につけていく

スタンツは高さが加わる技術になり、落下することもあります。落下しても、実施した選手同士でキャッチングを行わなければなりません。まずはキャッチング方法や基礎的なスタンツから練習しましょう。

練習では高さの低い、簡単なスタンツから練習して、技術を徐々に身につけていく必要があります。いきなりバスケットトスなどの難しい技を行うと、身体感覚が身についていないので、技が完成しないだけでなく、落下や、選手同士の接触など、非常に危険をともないます。

スタンツを行う際はマットなどを必ず利用し、練習段階では必ずスポッターを配置して安全面を高めましょう。ピラミッドを行う際など、トップがたくさんいる場合があります。その場合、すべてのトップにスポッターを配置して落下に備えましょう。

POINT 1 基礎技術を最初に練習する

スタンツは高さがあり、数人が関わる技術になり、動きが複雑で、それぞれに役割がある。まずは低いところや簡単なものから始めて、それぞれがどのように身体を使うのか、安全面に配慮するのかを明確にして練習を進めていこう。

POINT 2 スポッティング技術を身につけておく

スタンツは数人で一つの技を行う。練習の過程で、関わるすべての人がスポッティングができることが安全性を高める。初めて練習する技や、難しい技は必ずスポッティングをつけて練習を行おう。手が届くときはトップに触れ、脚を動かしたらトップをキャッチングできる位置にスポッターを配置し、落下の際はキャッチングを行おう。

POINT 3 キャッチング技術を身につけておく

スタンツが落下した際、クレイドルキャッチングやベアハグキャッチングを行い、トップを深刻な怪我から必ず守ろう。頭・首・背中など重大な怪我につながりやすい場所を守れるように正しいキャッチング方法を練習して身につけておくことが重要だ。

POINT 4 難易度の高いバスケットトス

バスケットトスなど、空中に高く投げ上げ姿勢をとる技は、大変華やかで、チアリーディングを特徴づける技の一つ。しかし、高さも伴い、難しい技のため、基本的な技や、より簡単な技をマスターしてから実施しよう。より簡単な技から練習することが安全面を高めるだけでなく、難しい技に移行しても、身体をうまく使用する感覚を養うことができる。

コツ 6

ダブルベースサイスタンド

腰を伸ばしてベースの真上に上がる

トップはベースの真上で腰を伸ばしてキープ

「ダブルベース・サイ・スタンド」は、基礎的な技術です。

ベースはそれぞれランジを作り、トップはベースの腿に足を片足ずつ置いて立ちます。両足をのせたら、まっすぐにたち、ポーズをとって完成です。慣れるまでは必ずスポッターもつけましょう。

トップが上がる際には、全員で息を合わせてかけ声をかけて、タイミングを合わせます。

トップは、地面についている足をけって、すばやくベースの真上に乗るよう意識しましょう。また、ベースが形を変えないこともポイントです。ベースが片手でトップの太腿、もう一方で足の底を持って支えます。

3

CHECK POINT
❶スポッターはトップの腰を持って支える
❷降りるときはベースは手を伸ばしたまま

ベースは姿勢を安定させて変えない。トップは上に乗ったら、ベースの真上に立つ。なお、のぼる・上がる動作を「クライミング」、降りる動作・降り方を「ディスマント」という。

POINT❷

降りるときベースは腕を真上に伸ばす

トップが降りるときは、ベースが腕を真上に伸ばしてトップの手をつかみ、スポッターが前に回ってベースの手首とトップのワキを支える。技の難易度が増すとどんどん高さが出てくるので、この段階から降りる練習もしておき、正しい降り方を覚えること。

POINT❶

腰を支えて安定させる

スポッターはトップの後ろに立ち、腰を持って支える。トップが不安定にならないよう、軸がずれたら補正すること。また、安定していても手は離してはいけない。トップから目を常に離さず、姿勢を正したまま、万が一に備える。

コツ 7

クレイドルキャッチング

それぞれが正しい姿勢でキャッチングを行う

スタンツを行うのに必要不可欠な技術

チアリーディングでスタンツを行う際には、技の終わりで、落下した際のキャッチング技術の習得が必要不可欠です。キャッチングには腰を包み込むようにトップを抱える「ベアハグキャッチング」と、ゆりかごのような形でトップの状態を受けとる「クレイドルキャッチング」があります。安全面を高めるためにも必要不可欠な技術です。トップの頭と首、背中を保護するのが重要です。それらの部位が地面まで落下したりすることがないよう、キャッチングの練習をしてからスタンツの練習をしましょう。

POINT 1

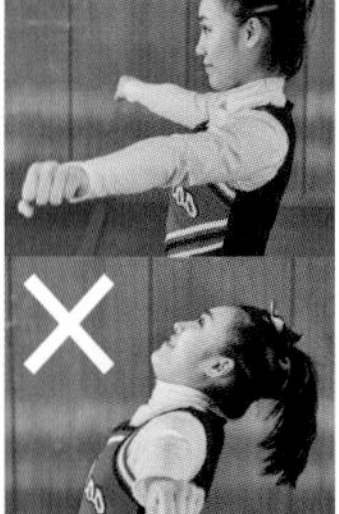

アゴを引きパイク姿勢をとる

トップはパイク姿勢でベースの方に腕を置き、地面に落下しないようにする。パイク姿勢をとる際、頭を倒したり、身体を反ると、スポッターの頭などと接触するため、アゴを引いたまま前を見て、上体を起こしたままパイク姿勢をとることが重要。地面でパイク姿勢をとる筋力があるか確認してから実施しよう。

ベアハグキャッチング

トップの腰を包むようにしてキャッチする。キャッチする人はトップの背中側に頭をつけ、前の手でトップの腹、後方の手でトップのお尻と腿のつけ根あたりを持つ。トップの腰を安定させて、頭・首・背中からの落下を防ぐための方法となる。まずは、跳び箱などを使って練習に取り組もう。

CHECK POINT

1. トップはアゴを引きパイク姿勢をとる
2. スポッターはトップのワキに腕を入れてキャッチ
3. ベースはまっすぐの姿勢をキープ

POINT 3

ベースは前かがみにならないよう注意

ベースは、手のひらを上に向けた腕を交互に出して、ゆりかごの要領でキャッチする。腕は肩幅程度の広さで構えること。身体を前に倒してしまうと、ベース同士で頭をぶつけたり、トップにぶつかったりするので、絶対に前傾してはいけない。

POINT 2

トップのワキに腕を入れやわらかく受ける

スポッターは、トップの頭や背中が地面に落ちないように、キャンドルスティックにした腕をワキに入れてキャッチする。ヒザを使って、衝撃を和らげることも意識しよう。いきなり高い位置から練習すると危険なので、まずは地面で形を確認し、その後は低い位置から練習する。

コツ 8

ピックアップ・エレベーター

腕を押し合う力を利用して上がる

CHECK POINT
❶エレベーターの練習にもなる
❷ベースはトップを押しあげたら手を返す

トップとポストが力を合わせる

まずはダブルベース・サイ・スタンドに形になります。ベースの前方には、補助をするベースを配置し、この役割をポストと呼びます。ポストとトップが手を繋いだら、ベースはトップのかかと側の手をトップの足首に持ち替えます。（持ち変えなくても実施は可能）この状態からトップとポストが腕を押し合う力を利用しながら、トップの脚を持ち上げて、エレベーターの高さまであげます。安定したら手を離して、トップはまっすぐに立ち、ポーズをしたらエレベーターの完成です。

ポイントは、トップとポストがヒジを伸ばして、真上に押し上げる力と、真下に下げる力を合わせて高い位置まで引き上げることです。トップは腕を下に押す際、下を向いたり、ヒジを曲げると頭から落下する危険性がるので、下を向かずに、正面を見ることを意識しましょう。

3

4

POINT 1

声をかけて タイミングを合わせる

トップが乗ったポジションは、エレベーターと同じ。ただし、トップが上がるときに、腕を使っているので、エレベーターよりも難易度が低い。エレベーターの練習としても習得しておくと良いだろう。かけ声をかけて、全員のタイミングを合わせることを意識して。

POINT 2

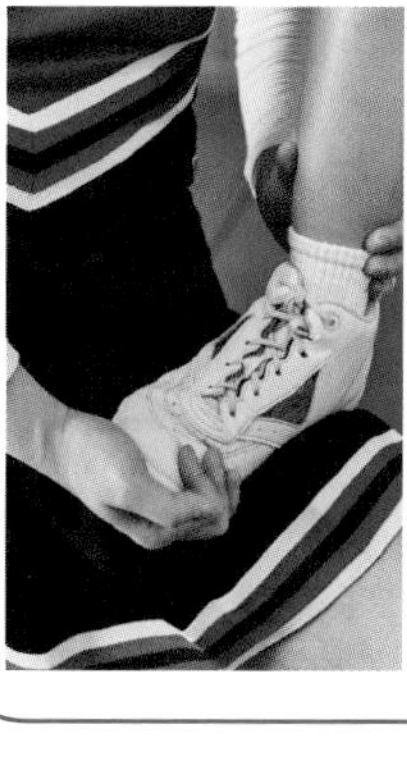

足底と足首を持ち あがったら手を返す

ベースは、ツマ先と足首を持って支える。一段高い位置にあがったらすぐに手首を返し、足底からトップを支える。姿勢を保ち、ワキを締めることで土台を安定させる。また、トップが下を向くとバランスが崩れて危険なので、正面を見たままの姿勢をキープする。

コツ 9

ショルダースタンド

互いにヒジを伸ばして押し合って上がる

CHECK POINT
❶腕を押し合う力を利用してのぼり降りする
❷応用技にもチャレンジする

手で押し合う力を利用してのぼる

ベースの肩の上に立つ技術をショルダースタンドといいます。ショルダースタンドはピックアップエレベーターと同様に腕を押し合う力を利用して上がることが重要ですが、ベースとトップの軸を一直線にするための感覚を養う良い練習にもなります。演技中にはPOINT②で紹介する方法を使用した方がスムーズに進みますが、難易度が高いため、まずは基本となる方法からマスターしましょう。

ベースはランジになり、後ろに立ったトップと手をつなぎます。トップは、片足をベースの太モモに乗せ、もう一方の足を肩にかけてあがります。その後、ベースは上体を変えずに、ヒザを伸ばして立ちます。手はつないだまま、お互いに押し合うようにして支えます。スポッターは、背後からトップを支えましょう。

3

POINT
ヒジを伸ばし、
押し合う力を
利用して上がる

4

POINT 1

押し合いながら トップを降ろす

降りるときも、腕を押し合う力を利用して、ゆっくりとトップを降ろす。トップは下を見るとバランスを崩して危険なので正面を向いたまま動くこと。スポッターは、常にトップから目を離さず、降りるときは前に回ってワキを支える。

POINT 2

流れで上がる 応用技も練習しよう

ベースは足を前後に開いたランジになり、手を後ろに伸ばす。トップは、片足をベースのフクラハギに当てて、タイミングを合わせて一気に上がる。この際、足で蹴る力で上がるのではなく、手で押し合う力で上がることを意識する。

コツ 10

エレベーター①トップ

身体を締めてまっすぐに立つ

CHECK POINT
❶かけ声をかけてタイミングを合わせる
❷ヒザを伸ばし身体を曲げない

上がったら身体をまっすぐに

エレベーターは、マスターしておきたい重要なスタンツの一つです。

トップは、向き合っているベースの後ろ側から、ベースの手の上に飛び乗ります。その際、両手をベースの肩に置き、自分の体重を支えます。その後、一度、全員でジャンプを開始する動作のように脚を屈曲させてから、一気に身体を伸ばして高い位置に引き上げます。（トランポリンのバネが、人が乗ると伸びて、縮むときに人をとばすようなイメージで動作を行うと良い）腕でベースの肩を押して、自分の胸と肩を上へ引き上げるようにして、一気に身体を伸ばしましょう。

高い位置に上がったら、トップはすぐにヒザを伸ばして身体をまっすぐに伸ばします。身体を曲げたり、下を見るとバランスを崩したり、落下の原因になりますので注意しましょう。

3

4

POINT 1

かけ声でタイミングを測る

腕の力だけで上がるのではなく、タイミングを合わせて飛ぶように上がることを意識する。そのためにもかけ声が大切。「ダウン」「アップ」など、チームであらかじめ決めておき、まずは地上でタイミングをとる練習をしておく。

POINT 2

上がったら身体を一気に伸ばす

高い位置に上がったら、すぐにヒザを伸ばし、身体を締めてまっすぐに立つ。この姿勢を保つには、タンブリングでの身体作りも重要になる。床に寝転がり、身体と内モモを締め、足を持ってあげてもらっても、身体が一直線になるよう練習しよう。

コツ 11

エレベーター② ベース＆スポッター
トップの足底がまっすぐになるよう持つ

CHECK POINT

❶トップの足底は床と平行に
❷足を柔らかく使ってトップをあげる
❸スポッターはトップの腰の位置を注視

トップの足をしっかりホールドし床と平行に保つ

ベースは、向かい合って立ち、足を肩幅程度に開きます。両手を腰の位置に出し、軽くヒザを曲げて構えます。全員でタイミングを合わせ、ヒザを深く曲げて沈んだら、ジャンプを行うように脚力を使い、ヒザを伸ばすと同時に腕を肩まであげて、トップを持ち上げます。

POINT 1

床と足底が平行をキープ

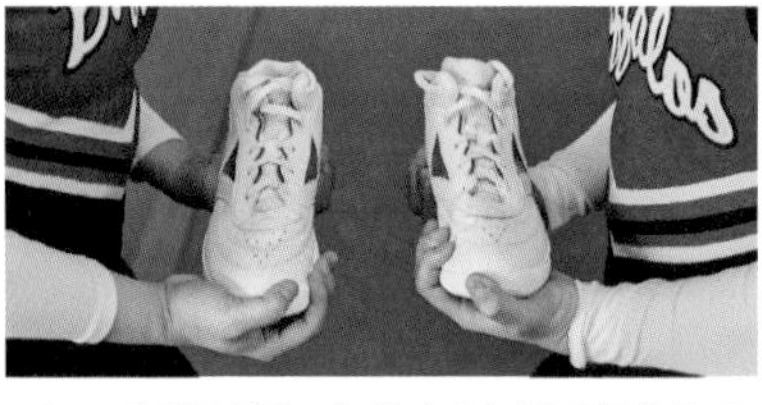

トップの足が乗ったらすぐに指で押さえて、動かないように持つ。足底は床と平行にし、持ちあげて手首を返してもこの形を保つ。この形がとれるように、まずは地上で練習しよう。

3
POINT
トップの
足底は
床と並行
POINT
足を使って
上げる

4
POINT
トップの
腰を注視

POINT 2

ヒザを柔らかく使って身体を伸ばす

「ダウン」の合図でヒザを曲げたら、「アップ」で腕を肩まで上げて、ヒザを伸ばす。ヒザは柔らかく使うことを意識しよう。また、「アップ」では、地面をしっかりと押して持ち上げる。また、ワキを締め、腕は身体に近づけて、トップの体重に反発する力を発揮して姿勢を保つ。

POINT 3

トップの腰を注視する

ベース、トップの後ろに立つスポッターは、高い位置に上がっても、トップの腰から目を離さず、手を伸ばしてトップの太モモをつかんで支える。トップが落下した際、頭と背中を保護できるように守ること。

コツ12

プレスアップエクステンション①トップ

身体を締めて引き上げる

CHECK POINT
❶あがったらすぐに身体を引き締める
❷内腿を締めて、足が広がらないようにする

身体が一直線になるよう引き締める

プレスアップ・エクステンションは、エレベーターからさらに高い位置に上げる技術です。かなり高さの出る技なので、エレベーターを確実にマスターしてから行いましょう。また、エレベーター以上に、個々の体幹や腕の強さが必要になります。筋力トレーニングやタンブリングなどで体力を作ってから技に臨みましょう。

落下への対応が事前にできているかが重要。キャッチングの習得が必須です。トップが足を広げすぎる姿勢になるとバランスが崩れるので、トップは内腿をしっかりと締めて動作を行い、スタート時点の位置にも注意しましょう。

3

4

POINT 1 ヒザを伸ばし一直線になる

エレベーター以上に身体を引き締めることを意識する。内モモを締め、上に伸びるようなイメージで身体を一直線にする。目線はスタンツの間中、正面を向く。恐怖心から下を向いたり、身体を曲げるとバランスを崩す原因になるので注意しよう。

コツ 13

肩をつかってトップを持ち上げる

プレスアップエクステンション②ベース&スポッター

CHECK POINT
❶肩を入れて上に押しあげる
❷ベースの視線はトップの腰
❸タイミングを確認する

トップの足底を肩をつかって上に押す

ベースは、エレベーターの形からヒジを真上に伸ばし、トップを頭上に持ち上げます。その際、肩をしっかりと入れて腕を伸ばします。身体をまっすぐに伸ばしてバランスが崩れないよう意識します。スポッターは後方に控え、ベースの手首を支えます。

POINT 1

肩をはめ、倒立のイメージで行う

エレベーター同様に、足を柔らかくつかって、タイミングよく上げるのはもちろんだが、さらに肩を入れて、トップの体重を上に押し返すようなイメージで上げる。また、トップの足底は高い位置へ持ち上げても床と平行を保つ。

3

4

POINT 2

トップの腰を見てバランスをキープ

トップが崩れて突然落ちてこないように、持ち上げたらトップの腰を常に見ていること。腰が揺れるようならば、ベースが動いてバランスを調整する。このとき、トップが自ら動いてバランスをとろうとすると、スタンツが崩れる原因になり、大変危険。

POINT 3

地上で練習して動きを確認する

事前にスポッターも入れて地上で動きを確認する。タイミングが合うように、かけ声をかけて、トップを持ち上げる動きをベースとスポッター全員のタイミングが合うまで繰り返す。スポッターは、トップが上がったら後方から、トップの足首を持つか、ベースの手首を支える。

コツ14

ポップアップクレイドル

空中でも身体を締めて、正確なクレイドル姿勢をとる

1

2

3

CHECK POINT

❶Tモーションの姿勢を見せる

❷足を開く応用技を練習する

身体を締めた状態から落下し始めたらクレイドル姿勢

エレベーターなどからトップを空中に投げ上げ、クレイドル・キャッチングを行う技術をポップアップ・クレイドルと言います。バスケット・トスなどの難度の高い技を実施するためには、このスタンツの正しい方法を身につけることが重要です。

エレベーターの姿勢になったら、トップはTモーションの姿勢になります。（習得できたら演技内容に合わせて姿勢を変えることは可能ですが、慣れない期間は、クレイドル・キャッチングが行いやすいよう、Tモーションにしておくのが良いでしょう）そのまま投げ上げられたら、空中へ身体を締めたまま引き上げます。頂点までいき、落下が始まったら、素早くクレイドル姿勢をとり、クレイドル・キャッチングを行います。（クレイドル・キャッチングについてはP30を参照）

基本の形をマスターしたら、空中でトップが姿勢を変える応用技も練習し、演技に取り入れていきましょう。

4

5

POINT 1

Ｔモーションからクレイドル姿勢へ

トップは、体を上に引き上げるイメージでＴモーションの形をとる。空中でも体を引き締め、美しい姿勢を保ち、その後、クレイドル姿勢へと体勢を変える。ベースとスポッターは、トップから目を離さず、落下地点へ移動する。

POINT 2

クレイドル姿勢の前に両足を大きく開く

トップはＴモーションからクレイドル姿勢のジャンプをマスターできたら、次はクレイドル姿勢でキャッチされる前に、両足を左右に大きく開く（トゥタッチ姿勢）、応用技にも挑戦してみよう。

コツ 15

オールザウェイアップエクステンション①トップ

上に跳び上がるように体を引き締める

CHECK POINT
❶上へ伸びて体を引き上げる
❷高い位置からポップアップクレイドル

1

2

上に引き上げながら体を締める

プレスアップ・エクステンションの姿勢まで、一気に流れるように行う技術をオールザ・ウェイ・アップ・エクステンションと呼びます。

止まることなく、トップを高い位置まで持ち上げるので、全員のタイミングを合わせることが重要です。

トップは、ベースの手に飛び乗ったら、自分の体を上に引き上げるイメージで体を締めます。また、ベースの肩を一瞬で押して自身の肩や胸を持ち上げるように意識すると、ベースの負担が軽くなります。

高い位置に上がったら、足は開きすぎないように注意しましょう。また、ヒザを曲げたり、下を見るとバランスが崩れる原因になります。

3

4

POINT 1

体を締めて引きあげる

トップは、ベースの肩に手を置き、手の上に飛び乗ったら、タイミングを合わせてベースの肩を押して、一気に高い位置に上がる。上がったらすぐに体を締めて、一直線にする。体を上に引き上げるイメージを持とう。

POINT 2

高い位置からポップアップクレイドル

技術をマスターしたら、エクステンションからのポップアップ・クレイドルも練習しよう。タイミングを合わせることが重要で、かけ声で全員が上へと一気に腕や身体を伸ばすことがポイントだ。

コツ 16

正しい姿勢で立つ

オールザウェイアップエクステンション②ベース&スポッター

CHECK POINT

❶ワキを締め、上体をまっすぐにキープ
❷タイミングを合わせてトップのバランスを保つ
❸足首を持って補助する

腹筋に力を入れて姿勢を保つ

ベースはワキを締めて構え、トップの足をしっかりと握ることが大切です。また、ベース同士が離れすぎてしまったりしないよう注意。

スポッターはトップがベースの手に跳び乗るのを助けるために腰を支え、投げ上げたらトップの足首を持ちます（届かない場合はベースの手首でも構いません）。

POINT 1

上体をまっすぐに保つ

腰の前に手を出したらワキを締めて腕を固定する。腕を上げても、上体が反ったり、前に傾いたりしないように、腹筋をつかって姿勢を保つこと。プレスアップ・エクステンションと同様に、肩を入れて腕を上げることも大切だ。

3

POINT
上体を
まっすぐ保つ
POINT
離れ
すぎない

4

POINT
足首を持って
補助

POINT 2

タイミングを合わせてトップのバランスを保つ

ベース同士がタイミングを合わせることが重要。距離感はトップの肩幅くらいの幅が目安で、それより広いと不安定になる。ただそれより狭い技も別にある。くっつきすぎは、トップの腰が見えにくくなってしまうのと、落下の危険を察知できなくなるので、トップの腰を見て、バランスを保ってあげることが重要。

POINT 3

足首を持って補助する

トップが上がったら、スポッターはトップの足首か、ベースの手首を持って支える。一気に高いところにいく技なので、落下の危険を察知したら、トップの安定が保てるようエレベータの高さまで下げたり、持っていた手を離してクレイドルキャッチングを行う姿勢をとる。

コツ
17

バスケットトス①トップ

空中で身体を引き締めた姿勢を保つ

CHECK POINT

❶ベースの手に乗ったらカカトを少し浮かせる
❷頂点で技を行う

1

POINT
足を揃えて
カカトを
浮かせる

2

空中に飛びあがっても、アゴを引き、姿勢は崩さない。

高く上がるイメージで体を引き締める

トップを高く空中に飛ばすバスケット・トスは、難易度の高い技術です。しかしその分、観客の目を惹きつける華やかさのある技でもあります。

ベースが手首をつかみ合い、バスケットの形を作ったら、その上にトップが乗ります。タイミングを合わせて、トップは高く飛び上がります。その際、トップはアゴを引き、空中でも姿勢が崩れないように意識しましょう。

トップは高く飛ぼうとしたり、技をする際にバランスを失い、頭の位置が腰や脚より下がってしまうと大変危険です。最初は高く飛ぶことよりも、腰の位置を意識して、オールザ・ウェイ・アップ・エクステンションのように、まっすぐに立ち、頭が下がらないように注意しましょう。慣れてきたらできるだけ高さが増すよう、空中へ飛び上がるように伸びていったり、技に挑戦したりしましょう。バスケット・トスはオールザ・ウェイ・アップ・エクステンションの動きの応用です。まずは、そのスタンツを習得しましょう。

3

4

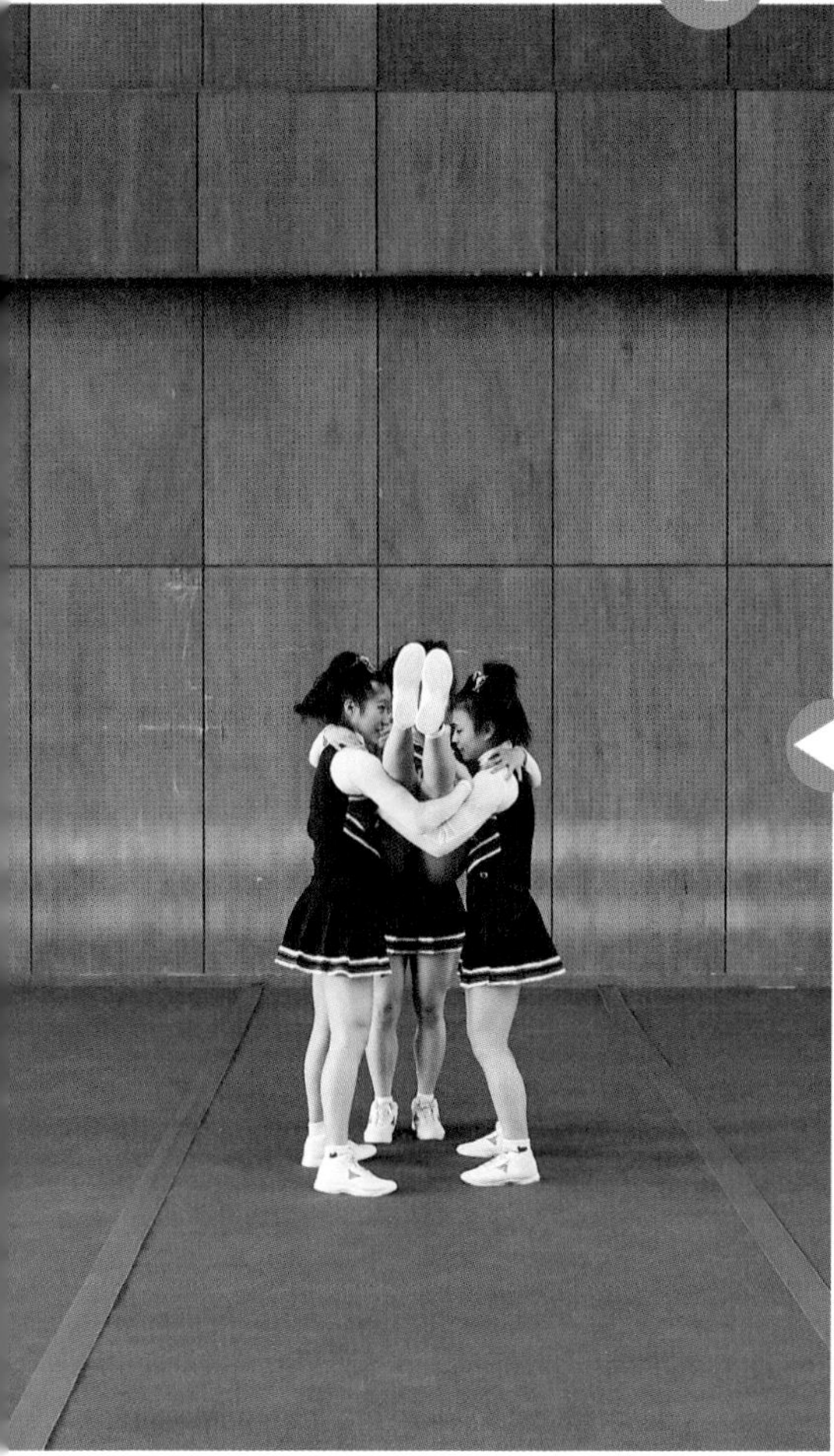

POINT 1

足を揃えてカカトを少し浮かせる

ベースが作ったバスケットの上に乗ったら、両足を揃えて、カカトを少し浮かせる。ベースが足底を押すタイミングに合わせて、ベースの肩に置いた手をつかって飛び上がる。この、足の形や乗せる位置を技に入る前に確認しよう。

POINT 2

一番高い位置で技を行って魅せる

うまく飛べるようになったら、最高到達点で様々な姿勢をとってみよう。トゥタッチは、頂点で一瞬にして開脚し、すぐに閉じる、華やかな技。スタンツをよりダイナミックな印象にする。事前に、トランポリンなどをつかって空中感覚を習得しておくとよいだろう。

コツ 18

バスケットトス②ベース&スポッター
バスケットを作ってトップを投げ上げる

2

1
POINT
ベースの手の形は
バスケット状にする

CHECK POINT
1. ベースの手の形はバスケット状にする
2. 前にベースを増やして高さを出す
3. トップの落下点に移動する

手首を握って バスケットを作る

ベースは手を握り合って、バスケットの形を作ります。オール・ザ・ウェイ・アップ・エクステンションと同じ体の使い方とタイミングで、姿勢を保持するのではなく、さらに空中へトップを投げ上げます。トップが空中でも自分で腰をコントロールできるようになり、安定してきたら、スポッターはベースのようにバスケットの下に手をおいてとばしても良い。また、さらに前方にもバスケットの下に手をおいて補助をつけて高さを増しても良い。

POINT 1

手の形は バスケット状

ベースは、まず始めに手の組み方を覚えよう。互いに手首を握り合い、しっかりと形を作る。ここに、トップが飛び乗るので、トップの体重がかかっても崩れないようにきつく握り合う。トップの足が離れたら、すぐに手を解き、クレイドルキャッチの態勢に入る。

3

4

POINT 2

ベースを増やせばより高く飛べる

ベースの人数は必ずしも二人でなければいけないわけではない。前にもう一人補助を置き、3人でトップを飛ばすこともできる。こうすることで、より高い位置までトップを飛ばすことができる。前のベースは、トップのキャッチングにぶつからないよう注意。

POINT 3

トップの落下点に移動する

トップが真下に落ちてくるとは限らないので、ベースとスポッターはトップから目を離さず、落ちてくる場所に合わせて移動する。落下地点に入ったら、すぐにクレイドルキャッチの姿勢になる。

コツ 19

リバティ①

応用の技に挑戦しよう

身体を締めて美しい姿勢をとる

スタンツ上で、トップは両足で立つだけでなく様々な姿勢をとることが可能です。柔軟性を生かして美しい姿勢をとることで演技の幅が広がります。

まずはリバティという片足になる姿勢から練習を始めましょう。エクステンションの状態で、補助なくリバティの姿勢にするのは難しいため、まずは補助をつけて練習しましょう。ショルダースタンドなどの適切な高さのスタンツのトップと手をつなぎ、リバティの姿勢をとります。このとき、スタンツが不安定になったら繋いでいた手を離して、リバティを実施するトップが落下の際はクレイドルキャッチングを行いましょう。安定したら補助をはずして、トップは自身の脚の上に立ち、身体を締めます。バランスをとるとスタンツが不安定になりますので、身体を締めて姿勢を維持しましょう。ベースはトップがまっすぐ立てるよう、バランスを保ちながら姿勢を維持しましょう。落下の危険を察知したら手を離して、クレイドルキャッチングを行いましょう。

POINT 1 トップはバランスをとらずに姿勢を維持する

リバティでは、トップはバランスをとらないことがポイント。バランスをとろうとすると、かえってアンバランスになってしまう。自身の足の上に立ち、身体を締めて姿勢を維持しよう。

POINT 2 ベースはトップを支えバランスをとる

ベースはトップの軸がまっすぐになるように、バランスをとりながら姿勢を維持する。トップを下から支えることを意識しよう。トップの身体とベースが一直線になるような位置関係を保つ。

POINT 3 まずは低いところや補助をつけて練習する

いきなり行うのは難しい技なので、まずは低いところから練習したり、補助をつけたりして練習しよう。ショルダースタンドなどの適切な高さのスタンツのトップと手をつなぎ、リバティの姿勢をとると良い練習になる。

ワンポイントアドバイス

危険を察知したらクレイドルキャッチング

落下の危険を察知したら、ベースとスポッターは持っているトップの脚を離してクレイドルキャッチングを行う。トップの腰の位置をよく見て、どこに落ちるか予測し、脚を動かして落下の位置に正確に入るようにする。

コツ **20**

リバティ② いろいろな姿勢を練習しよう

CHECK POINT
❶ トップは腰を安定させて姿勢を維持
❷ まず地面で練習する
❸ ベースは肩をはめたままバランスキープ

トップはバランスをとらず決め姿勢を維持する

エクステンションの高さで柔軟性のある、美しい技を行うことは、観客の目をひき、演技に注目させることができます。まずは柔軟性を高め地面で姿勢を練習することから始めましょう。

また、エクステンションの高さへ一気にリバティの姿勢になるときは、トップの身体の軸に脚を合わせるようにしてから、エクステンションの高さにつくと同時にリバティの姿勢になると良いでしょう。姿勢を変えるときもバランスはとらず腰を安定させ、自身の軸足にまっすぐ立つようにしましょう。ベースはバランスをとりながら姿勢を維持します。形を変えるときに不安定になりやすいので注意しましょう。

POINT ❶ トップはバランスをとらず腰を安定させたまま姿勢を維持しよう

トップが自らバランスをとろうとして動くと、かえってバランスが崩れ、落下の危険が増す。トップはバランスをとらずに、腰を安定させた状態で姿勢をキープする。

POINT ❷ 姿勢はまず地面で練習しよう

まずは地面でポーズをキープする練習をする。その後、安定しにくい場所で姿勢をキープする。段階的に練習して、技術を習得していこう。

POINT ❸ ベースは肩をはめたままバランスをとろう

難度が上がっても、姿勢が悪くならないように注意する必要がある。ベースは、肩をはめたままの状態でバランスをとる。なおリバティは、ピラミッドなどの技にも必要になってくるのでしっかり身につけておこう。

ワンポイントアドバイス　いろいろな姿勢にチャレンジする

ヒールストレッチは、片足を高くあげてカカトをつかむ姿勢。アラベスクは、足を後方にあげる姿勢。スコーピオンは、後方に出した足のツマ先を両手でつかむ姿勢。いろいろな姿勢を身につけて、バリエーションを増やそう。

スコーピオン　アラベスク　ヒールストレッチ

チアリーダーのユニフォーム

チームに合ったデザインの動きやすいものを着用

チアリーディングのユニフォームは、そのチームの名前やチームカラーを表したものが好ましいです。

また、激しい動きに耐えられるような伸縮性の高い生地のものが良いです。滑りやすい素材や、大きすぎるサイズなどは、動きの妨げになり大変危険なため注意が必要です。チャックやホックなどの金具がついていたり、ポケットなどの引っかかる部分があるものもスタンツの際は危険です。安全面に配慮した着用を心がけましょう。

PART 3

ピラミッド

コツ21

ピラミッドとは

パートナー・スタンツを習得してから臨む

CHECK POINT
1. パートナー・スタンツをマスター
2. 練習は方法を決めてから
3. 安全性に配慮して取り組む

パートナー・スタンツのマスターが必須

「パートナー・スタンツ」を使って手をつないだり、足を持ったり、組み合わせて行う技術を「ピラミッド」と呼びます。人数や組み合わせるスタンツで技が変化するため、ピラミッドにはたくさんの形があり、その形は日々、進化しています。

とはいえ、いずれの「ピラミッド」を行う場合でも、まずは個々のパートナー・スタンツが完成されていることが必須です。まずは、組み合わせの元となるパートナー・スタンツを正しく行えるよう練習してからピラミッドに臨みましょう。

演技を作る時は、パートナー・スタンツもピラミッドも、できるだけ多様な技を組み入れるようにし、見ている人を飽きさせないダイナミックな構成にすると良いでしょう。パートナー・スタンツだけでなく、ピラミッドにもぜひ挑戦してみましょう。

POINT 1 パートナー・スタンツをマスターしよう

ピラミッドの元となるパートナー・スタンツがまずは完成されていることが大切である。どこかが完成されていなければすべてのスタンツが崩れてしまうこともあり、危険である。

POINT 2 練習方法を事前に決めておく

たくさんの人が関わるため、技術開始から終了までどのように練習するのか、指示は誰が出すのか、スタンツ間の距離はどの程度かなどを、事前に決定しておく必要がある。スタンツを開始してから、「どのように練習するのか」と混乱してしまうと、大変危険である。

POINT 3 安全にキャッチングができるように配慮

落下の危険を察知したら、繋いだ手や、持っている脚を離して、安全にキャッチングできるように配慮する。全員で崩れるように落下するのは大変危険なので、落下の危険性がある場合は、トップは自身のベースとスポッターにキャッチングされるように意識しながら練習を進めること。

ワンポイントアドバイス

集中力を切らさず取り組む

ピラミッドはたくさんの人が関わり、高さが増し、複雑で難しい動きも増える。誰かが集中力を切らしたり、方法がわからなかったりすると、大きな事故につながる危険がある。

コツ 22

練習メニュー

安全に、かつ段階的に練習しよう

CHECK POINT
- 徐々に高くしていく
- 単純なものから始める
- いきなり難度の高いものを行わない
- 応用技・連続技もトライ

基本的なパートナー・スタンツのマスターが必須

ピラミッドの練習を行う際も、基本的な注意点はパートナー・スタンツと変わりありません（P26参照）。ですので、基本的なパートナー・スタンツを習得していることは必須です。また、ピラミッドはパートナー・スタンツより多くの人が関わり、技も複雑で、高い位置にいるトップの人数が多いため、より安全面に配慮しなければなりません。

練習メニューとしては、低いものから高いものへ、単純なものから複雑なもの、簡単なものから難しいものへと練習していきましょう。

演技をよりダイナミックに見せることができる技術が必要になりますので、安全面に留意して、様々なピラミッドにも挑戦していきましょう。

POINT ❶ 低いものから高いものへ

地面の高さから、腿の高さ、肩の高さ、さらにそれ以上の高さという順で練習を進めていこう。例えば、スモールＭからビッグＭの順で練習するなどが適切である。

POINT ❷ 単純なものから複雑なものへ

ピラミッドを分解して元となる個々のパートナー・スタンツは何かを見極め、まずはそのパートナー・スタンツを完成させよう。例えば、ロングビーチならエレベーターとエクステンションリバティに分解されるため、そのスタンツの習得が必要になる。

POINT ❸ 簡単なものから難しいものへ

いきなり難度の高い技を行うと方法がわからず、練習を開始してから慌ててしまい、重大な事故を引き起こすことがある。まずは簡単な方法で、身体感覚を身につけてから徐々に難度を上げていくのが安全かつ効果的な練習方法である。例えばトスアップ 221 を練習するなら、その前にステップアップ 221 を練習する。

POINT ❹ 応用技や連続技も行おう

技の難易度を上げるだけでなく、応用技や連続技を行い、演技をより魅力的なものにしたり、新しい技を創造して演技にオリジナリティーを持たせよう。連続技には集中力や体力が必要となるので、トレーニングが必要となる。

コツ23

基礎的な技練習方法を身につけよう

スモールM&スモールロングビーチ

低い位置で感覚を養いピラミッドを練習する方法を学ぶ

ピラミッドの基礎的な技術として、スモールMとスモールロングビーチが挙げられます。

スモールMは2人のベースが外側に向かってランジ姿勢をとり、その腿にトップが乗り、中央に立っている人と手をつないでから、ヒールストレッチを作ります（柔軟性が足りなければリバティのままでも構いません）。「M」の文字のような形を表しています。

スモールロングビーチは、技を開発したチームの名前が由来であると言われています。この技では2人のベースが内側に向かってランジ姿勢をとり、トップがその腿に乗ります。ここでは、中央の人に足を渡します。

どちらの技も、腕をつないだり、足を渡したりするので、まずはスタンツ

2 スモールロングビーチ

CHECK POINT

❶ ピラミッドの練習方法を身につける

を開始する前に距離を決めておくことが重要です。また掛け声をかける人を決め、2騎のパートナー・スタンツが同時にあがり、おりる必要があります。

これらのピラミッドは、P66のビッグMやロングビーチを練習する前に、低い位置で感覚を養ったり、ピラミッドを練習する方法を学ぶために行います。（演技の中で行うことはあまりありません）

POINT ❶ 簡単なピラミッドで練習方法を身につけよう

例えばスモールＭとスモールロングビーチという、低く簡単なピラミッドから取り組むことで練習方法を身につけることができる。徐々に難度の高い技術へ取り組もう。

コツ 24

ビッグM＆ロングビーチ

地上で互いの距離を測ってから行う

1

2

ビックM

トップ同士の距離を確認しよう

3つのエレベーターから、内側の手をつなぎ合ってから両サイドをリバティのヒールストレッチにする「ビッグM」。そして、両サイドが内側に足をあげ、中央のエレベーターのトップがその足を持つのが「ロングビーチ」です。

ロングビーチでは、最初に真ん中のエレベーターを上げて、その後に、左右のエクステンションを上げます。順番が逆になると、左右のトップがバランスを崩しやすくなってしまいます。

スモールM、スモールロングビーチよりも高さが出る分、危険性が増すため、どこか一つでもバランスを崩したらすぐにつないでいる手や足を離し、落下に備えることが安全にスタンツを行うポイントになります。

1

2 ロングビーチ

CHECK POINT

❶ 地面でトップ同士の距離を測り、ベースの位置を決める
❷ ビック M は始めにエレベーターを３つ作る

POINT ❶

地面でトップの距離を測ろう

エクステンションする前に、トップは地面でその距離感を測っておく。トップの位置を決めたらベースが入る。こうすることで、上がってから手が届かないという失敗が起きない。

POINT ❷

エレベーターを３つ作る

ビッグＭでは、まず3つのエレベーターを作り、手をつないでから、左右がリバティに移行する。その後、ヒールストレッチをする。トップ同士が手をつないでいることでバランスがとりやすくなるが、もし、バランスが崩れてしまったら、すぐに手を離すこと。

コツ
25

ステップアップ221

それぞれのパートナー・スタンツを完璧にする

たくさんのスタンツが組み合わさった高さのある技

3人が重なる3層のスタンツの中で代表的な技のひとつとして、221が挙げられます。1層目のベースが2人、2層目のトップ（このポジションをミドルと呼びます）が2人いて、そのミドルが3層目になる1人のトップを支えます。

この技はショルダースタンドが2騎あり、そのミドルに、トップがエクステンションからリバティを得て足を渡してミドルにのり技が完成します。

高さもあり、たくさんのスタンツが組み合わさっており、習得するまでは不安感も多い技になりますが、まずは個々のパートナー・スタンツが完成されていることが大前提です。それさえできていれば、安全面に関する基本的な注意点に留意し、スポッターを伴って練習あるのみです。

注意しなければならないのはミドルも落下の危険性が高いため、適切なスポッターをつけることが重要です。あらかじめ、どのトップやミドルを、誰がスポッティングするのかを決めておきましょう。

CHECK POINT
1 スポッティングに留意
2 111にも挑戦しよう

1

2

3

4

POINT 1

スポッティングに留意して行う

あらかじめ誰が誰をスポッティングするのか決めておくこと。また３層目のトップは高い位置にいるため、できるだけ落下の際はクレイドルキャッチングを行うように、キャッチング方法も確認しておくことで安全性を高めることができる。

POINT 2

111にも挑戦しよう

ベース、ミドル、トップそれぞれ１人ずつが積み重なる形を「1-1-1」と呼ぶ。111にも挑戦しよう。

コツ 26

トスアップ221

飛んだらすぐに身体を引き締める

1
トップは
引き締める

2

トップは体を締めミドルは姿勢を保持して動作

バスケットトスを利用して、3層目のトップを投げ上げて一気に221を作る技をトスアップ221と呼びます。ピラミッドを素早く作ることができ華やかですが、難度も高く、落下の危険性も高いため、練習法やスポッターの配置には細心の注意を払いましょう。

トップは投げ上げられたら素早く身体を締め、上に伸びます。身体の軸を一直線にしてミドルにのります。トスの高さを利用せずにミドルにのろうとして身体を曲げたり、前に行くと失敗につながります。

ミドルはトップが飛んできたらトップの足をよく見て素早く掴み、安定する位置へトップの軸を保ちながら誘導します。自身の姿勢を保持して動作を行うことが完成するためには重要です。体幹を締めて動作を行いましょう。

3

CHECK POINT
❶トップは体を一直線に
❷ミドルは体幹を締める

POINT ①

トップは身体を一直線に引き締める

トップは飛んだらすぐに体を締めて、一直線になるイメージで引き上げる。ミドルとミドルの間に飛ぶのが正しい位置だが、前方へと飛ぼうとせず、あくまでも上へ上へと上がるイメージを持つ。足はミドルが掴みやすいようエクステンションの姿勢のようにして、少し開くとよい。

POINT ②

ミドルは体幹を締めてトップを受け取る

トップが飛んだら、ミドルはトップの足を素早くつかむ。その際、体幹を締めて自身の姿勢をキープすることが重要だ。落下の危険がある技なので、スポッターの配置などに注意して取り組むことが大切。

コツ27

トスアップ111 スポッターを配置し安全を確保する

1

2

トップを飛ばしたら すぐ落下に備える

トスアップのピラミッドには様々な形がありますが、ここでは111を紹介します。

1層目のベースが1人、ミドルが1人の上に、トップがトスアップでのります。1人のミドルがトップを受けとめ、トップも片足で姿勢を維持するため難度が高くなります。ステップアップ111やトスアップ221をマスターした上で行いましょう。このような高い技術が必要な技では、各自の筋力、体幹の強さが重要です。筋力トレーニングなども行い、この技術練習に耐えうる体力を必要とします。

トスアップを実施したベースとスポッターは、トップを飛ばしたらすぐに落下に備える必要があります。高さがあるため、落下の際は、できるだけクレイドルキャッチングを行いましょう。トスアップでピラミッドを作る際は、どこにトップが落下するかわからないので、落下の可能性がある箇所にスポッターを配置しましょう。

3

4

CHECK POINT

1. スポッターを正しく配置
2. ミドルの動作は地上で確認

POINT 1

スポッターを正しく配置しよう

どこに落下するかはわからないので、後方からのトスアップの練習では、前方にもスポッターを配置するなどして落下に備えよう。ベースやスポッターはトップから目を離さずに、落下を察知する能力を鍛える必要がある。

POINT 2

ミドルの動きは地上で確認しよう

ミドルはピラミッドにおいて重要なポジションで、どのタイミングでトップを受けとめ、自身の姿勢を維持するのか、トップの軸をどう捉えるかを、地面のレベルで練習してから、実際の練習に入る必要がある。高い位置では留意することが多いため、まずは地面で感覚を養うのが良い。

コツ 28

応用技も挑戦しよう

シャチ

CHECK POINT

❶ 腹筋を鍛えてポーズをキープする
❷ 地上で動きの確認をしよう

トップは姿勢キープのため体幹を鍛えよう

ピラミッドの基本的な技術を習得したら、応用技にも挑戦してみましょう。ここで紹介する「シャチ」は、2騎のショルダー・スタンドの上でトップがうつぶせになり、一方の足を高くあげる技です。シャチホコのような形をしているので、このような名前になりました。

ミドルを乗せた2騎のショルダー・スタンドが完成したら、その真ん中でトップをエレベータに上げます。左側のスタンツと向かい合ったら、トップはミドルの肩に手を置き、ミドルはトップのワキを支えます。右側のスタンツのミドルは、トップの太モモと足首を持って、頭上にあげます。

トップは腹筋を使って姿勢をキープし、また、ミドルが的確にトップを持ち上げることがポイントです。

3

4

POINT
腹筋を鍛えて
ポーズをキープ
する

POINT 1

シャチのポーズには腹筋が必須

トップのポーズは、これまで紹介したスタンツやピラミッド以上に、腹筋を使う。そのため、日頃から腹筋を中心にした筋力トレーニングが欠かせない。上がったら、体勢を保ち、腰の位置を変えないことを意識しよう。

POINT 2

ミドルとトップは地上で動きを確認

地上でトップが姿勢を保てるか、ミドルがどこを持って支えるのかを確認しよう。また、降りるときは、トップは体をひねって仰向けになってからのクレイドルキャッチになるので、そのやり方もあらかじめ練習しておこう。

コツ29

連続技

全員がカウント通りに動く

CHECK POINT
1. カウント通りに動く
2. 技と技をスムーズにつなぐ

カウント通りに息を合わせる

大会では、よりダイナミックに、そして華やかに見せるためにも、一つのピラミッドから次のピラミッドへと連続して行うことがあります。こういった連続技では、それぞれのスタンツを、それぞれが完璧にできていることが大切になってきます。

また、スムーズに次々とピラミッドを作るためには、全員がカウント通りに動く必要があります。どのカウントでどう動くかを、それぞれが理解し、まずは地上でその動きを確認しましょう。

開始から終了まで丁寧に行いましょう。技が完成しても、降りるときまでカウントを合わせないと、スタンツが崩れてしまいます。

3

4

次の位置につく

POINT 1

カウント通りに動く

連続技は、一斉に動くことでスムーズに技を続けることができる。そのため、全員が声に出して「1、2、3、4」などとカウントし、どのタイミングでどう動くのかを理解する必要がある。まずは、地上で動きを確認しよう。

5

6

POINT 2

技と技をスムースにつなげよう

連続技では、技から次の技へとスムースにつなげることが大切だ。そのためには全員が動きを理解していることが前提となる。地上で動きを確認してから取り組むと良い。

チアリーディング専用のシューズを選ぶ

自分と仲間の安全に配慮したシューズを選ぶ

チアリーディングを安全に取り組むためには、シューズにも注意を払う必要があります。特にスタンツでは、些細なミスや注意不足が大きな事故につながりかねませんので、チーム全員がしっかりとシューズ選びをすることが大切です。

チアリーディングで使うシューズというのはほかのスポーツで履くものとは異なり、ベースの人が持ちやすいよう、手足で支えやすいように工夫されています。また、タンブリング、ジャンプや高い所からの着地を繰り返すため、クッション性の高いものが良いでしょう。チアリーディング専用のシューズも販売されています。

履くときはスタンツの際に危険になるため、靴紐は内側にしまっておくことも必要です。

PART 4

ジャンプ

コツ
30

ジャンプとは 柔軟性・筋力・テクニックを養おう

CHECK POINT

❶ トレーニングで高さのあるジャンプを身につける
❷ 簡単なものから練習に取り組む
❸ 個人練習を積極的に行おう

ジャンプには柔軟性と筋力、テクニックが必須

床上で、自分の脚力を使って跳び、美しいポーズを空中で魅せる技術をジャンプと呼びます。ジャンプには、柔軟性、筋力、テクニックが重要です。

柔軟性はストレッチなどを定期的に行うことで技術力が上がります。また、安全面でも重要になります。筋力は、美しく高さのあるジャンプを跳ぶために必要となり、テクニックは身体全身をタイミング良く使うために重要です。

ジャンプは、スタンツと違って1人でも練習することができる技術です。鏡の前で自分の姿を見ながら練習し、技術力アップに努めましょう。

POINT 1 トレーニングとストレッチングに取り組む

ジャンプに必要な筋力を、トレーニングで身につける。ジャンプの持つ高さや躍動感が観客を惹きつけるため、脚力を鍛え、高さのあるジャンプを目指す必要がある。ストレッチングは柔軟性を高めるために重要。技術力の向上に有効で、安全面でも効果がある。

POINT 2 簡単なものから練習しよう

技術の習得では、徐々に難度を上げていく。トゥタッチジャンプを行うならまずサイドハードル、パイクジャンプを行うならフロントハードルジャンプを練習して感覚が身についてから、やりたい技を練習する。また、難しいジャンプを初めて練習する時はスポッティングをつけよう。

POINT 3 個人練習でチーム力を上げる

個々のジャンプ技術が上がれば、チームのレベルが上がる。ジャンプはスタンツと違って1人でも練習できる技なので、自分の技を磨くためだけでなく、チームのためにもキックなどの個人練習を積極的に行おう。

ワンポイントアドバイス

空中姿勢は跳ぶ前に確認しよう

実際にジャンプを跳ぶ前に、空中姿勢を地面や片足ずつ、跳ばずに確認しておくと良い。特に開脚するものが多いので、上体を起こしたまま、空中姿勢をとる柔軟性と筋力があるか、必ず確認しよう。

コツ 31

練習メニュー

演技の中で効果的なジャンプを跳ぶ

CHECK POINT

❶ 3つの要素をバランス良く鍛え美しいジャンプを目指す
❷ 美しいトゥタッチジャンプは観客を惹きつける
❸ 練習時はスポッターをつけキック練習にも取り組む

能力をバランス良く鍛え良いジャンプを身につける

ジャンプを行う目的は、ジャンプが持つ躍動感を利用しての視覚的効果を狙ったものです。ジャンプの躍動感やスピード感は、観客を魅了します。そのためには良いジャンプを跳ぶことが重要で、美しく魅せるためのポイントを押さえておかなくてはなりません。

まず形が正確で美しいことが大切です。次に高さがあること、正確に着地が行えていること、団体で行う場合は、同調性があるかどうか。以上のことを踏まえて練習に取り組みましょう。

柔軟性・筋力・テクニックの3つの要素をバランス良く鍛えることでより良いジャンプを跳べるようになるので、意識して取り組みましょう。

POINT 1 ３つの要素をバランス良く鍛え美しいジャンプを目指す

柔軟性・筋力・テクニックの３つの要素をバランス良く鍛えることが観客を惹きつけるジャンプにつながる。 演技の中では、トゥタッチジャンプやパイクジャンプなどの華やかで難しいジャンプを行うことが多い。いきなりそれらのジャンプを練習するのではなく、まずは簡単なもので感覚を身につけよう。

POINT 2 美しいトゥタッチジャンプは観客を惹きつける

最も代表的なジャンプであるトゥタッチは、観客を惹きつける要素となるため、ぜひ演技に取り入れていきたい技術である。しかし形が美しくなければ観客を惹きつけられないので、練習に取り組んでしっかり習得した上で取り入れる。サイドハードルを左右美しくできるようになると、トゥタッチジャンプが上達する。

POINT 3 練習時はスポッターをつけキック練習にも取り組む

空中で動作するジャンプでは、スポッターをつけて練習を取り組む。腰を持ってゆっくり着地できるように支えることで、安全性を高められる。また、ジャンプを美しく見せるためにキック練習にも取り組むとより効果的だ。

ワンポイントアドバイス

ジャンプでのスポッティングのつき方

片脚になるものは曲げている脚がぶつからないよう、少し横でスポッティングする。トゥタッチジャンプなどのスポッティングについては、P88 を参照。

コツ 32

基本的な練習から始めよう

アプローチジャンプ・タックジャンプ・ストラドルジャンプ

3つの基本となるジャンプを身につける

まずは、基本のジャンプを練習しましょう。

チアリーディングの基本となるジャンプには、アプローチジャンプ、タックジャンプ、ストラドルジャンプがあります。

難しいジャンプを行う前に、基本的なジャンプで、身体全体をリズム良く使う練習を行いましょう。

CHECK POINT

1. 身体を一気に引き上げる
2. 脚を上体に引き寄せる
3. 空中で脚を開く

POINT 1 肩と腰を一気に引き上げるアプローチジャンプ

腕の回し方など、ジャンプの開始は特に決まりはないが、腕を振り回すようにして使用した方が、肩や胸を引き上げやすいため跳びやくすくなる。地面を素早くけったら、肩、腰を空中に一気に引き上げよう。着地はツマ先から地面に接し、脚を柔らかく使用して、着地の衝撃が少なくなるように静かに着地しよう。

POINT 2 脚を上体に引き寄せるタックジャンプ

空中で腹筋を使って脚を上体に引き寄せる感覚を養う。上体を倒さず、腰の高さを変えないまま、腿を胸に引き寄せよう。引き寄せた脚は素早く戻して、アプローチジャンプと同様の着地ができるように意識しよう。

タックジャンプ
横
正　面

POINT 3 空中で脚を開くストラドルジャンプ

空中で脚を開く感覚を養う。まずはジャンプをして、頂点で一気に脚を開く。筋力を使い上体をキープしたまま一瞬で動作を行おう。開いた脚は、空中で閉じて、着地まで正確に行う。脚は基本姿勢と同じヒザを前に向けた状態で行う。キックやトゥタッチジャンプなどはヒザを天井に向けて股関節を返すようにして行うが、より簡単な方法で、まずは感覚を身につける。

ストラドルジャンプ
足が地面に着く前に、空中で足を閉じる意識で着地をする。

コツ 33

ハードルを跳ぶようにジャンプする

サイドハードルジャンプ・フロントハードルジャンプ

CHECK POINT
❶脚を前に出すフロントハードルも練習する

ジャンプして空中で片脚を曲げる

アプローチジャンプから、空中で片脚を深く曲げて、ハードルを跳ぶ形を作るジャンプをサイドハードルジャンプと呼びます。このジャンプは、トゥタッチの練習にもなります。

空中で素早くハードルの形になり、素早く戻して着地するのがポイントです。

また、ハードルの形をとるには柔軟性が必要なので、ポーズできるかを床上で確認し、正しい形を覚えておくことも大切です。

サイドハードルジャンプばかりでなく、フロントハードルジャンプも練習しましょう。この技は片方の脚を、空中で前方に高く上げる形になります。

3

4

POINT 1 フロントハードルにも挑戦しよう

片脚を体の前に上げるジャンプをフロントハードルジャンプと呼ぶ。ジャンプしたら一気に前脚を上げて、後ろ脚は後方に跳ね上げる。スプリットをする要領で行うと良いだろう。このジャンプを練習すると、パイクがマスターしやすくなる。

コツ 34

大きく開脚し腕にツマ先を近づける

トゥタッチジャンプ・ユニバーサルジャンプ

1

2

ヒザを上に向け腕に近づける

チアリーディングのジャンプの中でも一番代表的な技がトゥタッチジャンプです。空中で脚を大きく開脚し、Tモーションにした腕にツマ先を近づけます。

開脚した際にヒザを上に向け、ツマ先までしっかりと伸ばしましょう。上体はまっすぐに保ち、前に倒れないように注意します。また、腰の位置を高く保つことを意識することも大切です。

脚を大きく動かさなければならないため、柔軟性のほかに、高く飛べるジャンプ力も必要になります。脚力はもちろん、脚を持ち上げるための筋肉（腹直筋や腸腰筋など）も鍛える必要があります。

4

3

CHECK POINT

❶ユニバーサルジャンプにも挑戦しよう

POINT ❶ 開脚時に腕を下げるユニバーサルジャンプ

トゥタッチジャンプの形で、腕を下方へ下げたものをユニバーサルジャンプという。腕を下方へ下げるため、上体の姿勢を保持することが難しいが、トゥタッチジャンプ同様、華やかな技である。

コツ 35

パイクジャンプ・アラウンドザワールドジャンプ

脚と腕を平行に上げる

脚を高く上げることを意識する

両腕を前方に伸ばして、両脚を揃えて前方に上げてパイク姿勢をとるジャンプを、パイクジャンプと呼びます。

脚と腕が平行になるように上げることがポイントですが、そのためには脚を高く上げようと意識することが重要です。

着地するときは、脚を腰の下まで戻してからおります。そのためには、脚を上げる腹筋力だけでなく、高いジャンプ力が必要になります。日頃から十分な筋力トレーニングを行いましょう。

パイクジャンプは、大会では高得点を得やすい技です。上位を目指すために、チーム全員が美しくできるよう練習しましょう。

CHECK POINT
❶パイクから脚を開くアラウンド・ザ・ワールドに挑戦する

POINT❶ 上級技アラウンド・ザ・ワールドジャンプ

パイクとトゥタッチを組み合わせた上級技がアラウンド・ザ・ワールドだ。空中でパイクの姿勢をとったら、脚を回してトゥタッチになるものと、トゥタッチからパイクになるものの２種類がある。

演技で使用する曲の選び方のポイントを知る

チアリーディングの演技で使用する曲の選び方にはいくつかのポイントがあります。演技の目的に合わせて選曲することや、技術を行いやすいテンポの曲を選曲することが重要です。テンポが遅すぎたり速すぎたりすると、技術が不安定になるだけではなく、演技を見ている観客が違和感を感じます。また、歌詞の内容についても、歌詞の印象が強すぎるものは演技に合わない場合もありますし、言葉の使用が不適切な曲もあるので注意が必要です。演技者はもちろんのこと、選手、観客ともに元気になり、演技がより効果的に見えるような選曲が好ましいでしょう。

PART 5

タンブリング

コツ36

タンブリングとは
練習の最初に取り入れてコンディションを整える

CHECK POINT
❶レイアウト姿勢
❷パイク姿勢
❸タック姿勢

タンブリングで身体を動かす準備を整える

タンブリングとは、マットや床の上で回転や跳躍する運動のことです。チアリーディングでは、技の練習に入る前にタンブリングを行うことで、身体を動かす準備が整います。そのため、練習メニューの最初に組み込むと、その後の動作がスムースになります。

タンブリングはトップの選手が落下する際の受け身の動作にもつながります。タンブリングを通じて、安全で正しい受け身の感覚を身につけておきましょう。また、タンブリングの動作に入る前に、3つの基本姿勢を覚えておくこともポイントになります。

ジャンプと同様、個人でも練習できるので、自主的に取り組みましょう。

POINT 1

基本姿勢①
レイアウト姿勢

マットの上に寝て、両手と両脚をまっすぐに伸ばした姿勢。ツマ先を見るように少し頭を上げる。これを前しめのレイアウト姿勢という。

また、後しめのレイアウト姿勢もある。両手と両脚をまっすぐ伸ばした姿勢をとる。手先とツマ先をピンと伸ばすことポイント。

チアリーディングに役立つ身体の使い方の基本となるので、キープしたり、このまま揺らしたりする動作を行うなどして、トレーニングに利用するのも良いだろう。

POINT 2

基本姿勢②
パイク姿勢

マット上に座り、太腿の裏側を抱えるような姿勢をパイク姿勢という。タック姿勢の両脚を伸ばした姿勢となる。タックと同様に腹筋を使って脚を胸に引き寄せるようにする。脚は腿、膝、つま先までしっかりと揃えよう。

POINT 3

基本姿勢③
タック姿勢

太腿を胸に引き寄せて抱え込むような姿勢を、タック姿勢という。タンブリングや、トップがスタンツで宙返り技をする動きにもつながる。身体を脚の方へ寄せるのではなく、腹筋を使って脚を胸に引き寄せるようにしよう。

背中を丸めて身体を回転させる

前転・後転

背中を丸めてスムーズに回る

前転は脚に近い位置に手をつきます。両手でマットを押し、身体を丸めて、できるだけ前に進めるように意識しながら身体を回転させます。起き上がる前にヒザを胸に引きつけましょう。後頭部、首、背中、お尻の順にマットに接触するとスムーズに回転することができます。回転の勢いを利用して起き上がったら、両手を上に上げて、姿勢良く真っ直ぐ立ち上がりましょう。

後転は進行方向が見えないので、少し不安に感じるかもしれませんが、地面を蹴り、背中を丸めて地面につけたら（マットにつけたら）頭の横あたりで手をつきマットを腕で押しながら後方へ回転しましょう。前転と同様に、まっすぐ立ち上がります。

1

前　転

2

CHECK POINT
❶背中を丸めて安全性を高める
❷ピンと立って着地のイメージをつかむ

後　転

POINT ❷

ピンと立って着地のイメージをつかむ

前転と後転の両方に共通することだが、身体を回転させた後は座ったままではなく、ピンと立つことがポイントになる。そうすることで、実際に技に取り組んだときの、着地の場面のイメージをつかむことができる。

POINT ❶

背中を丸めて安全性を高める

前転も後転も、身体を回転させるときに背中を丸めることがスムースに回転するポイントになる。特に後転では、身体が開いてしまうと後方に向かって真っ直ぐ回ることができなくなってしまうので注意しよう。

コツ

38

体幹を締めて身体を一直線にする

倒立・倒立前転

③

④

スタンツの基礎となる基本技を習得する

倒立はスタンツの基礎となる重要な基本技です。トップは体幹を素早く締める動作が必要です。特にベースは倒立で自身の体重を支えて体幹を締める動作をスタンツでも多く行います(例・エクステンションでトップを支えるとき)。

また、倒立は他のタンブリングの基本となる技術ですので、マスターしておきましょう。倒立は壁を使って一人でも練習はできますが、慣れるまではスポッターに支えてもらった方が正しい姿勢を覚えることができます。

倒立は、チアリーディングに必要な腕、肩、体幹を鍛えるのにも役立ちます。難しいタンブリング技術はすぐにできるようにならなくても、倒立や倒立前転などは定期的、継続的に練習しましょう。

① ②

倒立

倒立前転

CHECK POINT
❶スポッターは両手でしっかり支えてあげる
❷身体が一直線になるイメージを持つ

POINT ❷

身体が一直線になるイメージを持つ

倒立は両脚がまっすぐ伸びて、身体が一直線になっているのが正しい姿勢。無理にバランスを取ろうと動くと、お腹が出たり、腰がくの字に曲がってしまうので注意する。体幹を締めて、床を押すように身体を支えるとまっすぐになる。

POINT ❶

両手でしっかり支えてあげる

スポッターは、勢い良く蹴り上げられた両足を、すばやくキャッチすることがポイントになる。キャッチした後は、脚がぐらついてしまわないよう、ふくらはぎをしっかり両手で支えてあげると正しい姿勢をキープすることができる。

コツ 39

側転 身体を動かしながら正しく倒立する

順番に手足をつき一直線上に進む

まず、倒立と同じ姿勢で構え、足でマットを蹴ったら素早くマットに手をつきます。手をついたら身体を横向きにして脚を開きます。倒立を左足から踏み込む人は、左手を床→右手を床→右足を蹴る→左足を蹴る（右足から踏み込む人は、右手を床→左手を床→左足を蹴る→右足を蹴る）という動作の順番で、一直線上を進むように動作を行います。床に手をついて前に進む練習となると同時に、動きが加わっても正しい倒立ができるか、という良い練習にもなります。

次に紹介するロンダートという技につなげられるようにするためにも、着地は開始地点の方向に身体を向けることがポイントになります。

CHECK POINT

❶ 床を両手でしっかり押すイメージを持つ
❷ 着地まで正確に行おう

①

②

POINT ❷

着地まで正確に行おう

タンブリングは正確に着地が行われていることが重要。側転では身体をしっかりと起こして、最後の姿勢まで美しさを意識しよう。

POINT ❶

床を両手でしっかり押すイメージを持つ

ちょうど倒立の姿勢になっている最中では、両手で床をしっかり押すようなイメージで行うと、身体がぐらつくことなく、安定して支えることができる。このとき、ヒジは曲げずにまっすぐ伸ばすことがポイントになる。

コツ 40

ロンダート

手をついて両足を揃え倒立姿勢を作る

CHECK POINT
❶両足を揃えて着地する
❷応用技は走ってからロンダートに入る

腰を90度横に捻って身体を起こす

片足から着地する側転に対して、両足を揃えて同時に着地するのがロンダートです。

最初の姿勢は側転と同じ構えで入り、足を蹴り上げ、手をマットにつけます。側転は手をついたときに、平行になりますが、ロンダートは交差させたようになるのがポイントです。

手をついたらすぐに、腰を90度横に捻るイメージを持ちながら行うと、きれいに両足が揃った形で着地することができます。

ロンダートは難易度が高いですが、タンブリングの連続技の助走となる技でもあります。手のつき方や腰の動かし方に注意してマスターしましょう。

1

2

POINT 2

走ってロンダートに入る応用技

基本のロンダートがマスターできたら、今度はまっすぐ走ってきてからロンダートに入る応用技に挑戦してみよう。難易度は上がるが、踏み込むときにホップを入れるとやりやすくなるので、助走のときに意識しよう。

POINT 1

両足を揃えて着地する

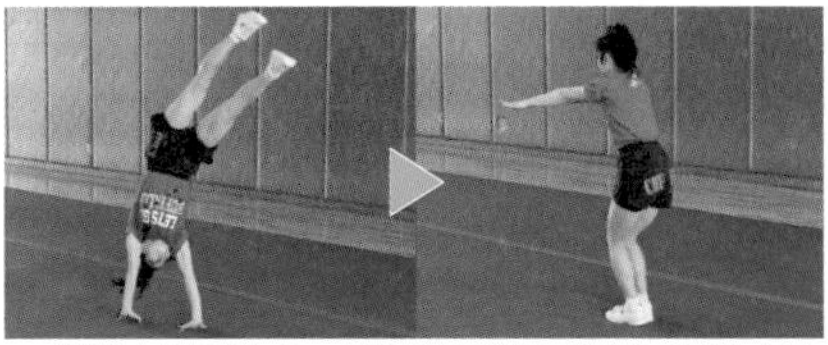

側転とは異なり、両足を同時に揃えて着地するのがロンダートの着地。腹筋の力で上体を起こし、つま先を揃えて、スタート地点に身体を向けて着地する。曲がらずまっすぐに着地するのが正しいロンダートの着地となるので、覚えておこう。

コツ 41

後方回転（バク転）

後方に跳んで倒立姿勢を作る

後ろにジャンプして倒立するイメージ

後方回転は通称「バク転」ともいい、タンブリングの中でも難易度の高い技になります。成功のポイントは、腕の振りで勢いをつけ、大きく後方にジャンプすることです。

イスに腰掛けるようなイメージで後方に重心をかけ、次に腕を振り上げると同時にマットを蹴ってナナメ後方へジャンプします。このとき、倒立をするイメージで動作しましょう。また、ジャンプをしたら振り上げた手の間を見るようにしましょう。

両手をマットについたら、マットを押しながら腹筋に力を入れて、両足を引き上げ、一気に振り下ろして着地しましょう。

❶

❷

CHECK POINT

❶慣れるまではスポッターをつける
❷マットに手をついて倒立を経過するイメージで行う

POINT ❷

きれいな倒立姿勢をイメージ

バク転では両手をマットについたところで、倒立姿勢を作るイメージで動作することがポイントだ。身体をまっすぐできるように、意識して練習に取り組もう。

POINT ❶

慣れるまではスポッターをつける

バク転は難易度が高い分、頭から落下したり、ヒジに過剰な負荷がかかり大ケガになる危険性もある。慣れるまでは、スポッターをつけて練習しよう。スポッターは腰が下がらないように、最初から最後までしっかり腰を支える。

観客との一体感を演出する手具
観客をリードするための手具

サインボードやポンポンなどはチームのカラーやチーム名、応援の言葉などを観客に示し、一体感を演出するために使用します。例えばボードなどはチームのカラーに合わせたものを書いて掲げます。その言葉をリズム良く観客に示し、共に言うことで選手や観客の士気を高めます。遠くにいる観客でも見やすいものにする必要があるので、大きさや素材などに工夫が必要です。

ボードなどは硬いものもありますので、仲間や選手、観客に当たらないように配慮するなど、演技中の取り扱いに注意し、安全に使用しましょう。

PART 6

ルーティーン

コツ42

ルーティーンとは

個性を出せる構成を考える

個性や能力を発揮できる構成に

チアリーディングの活動には、競技会、イベント、スポーツの応援という3つの目的があります。ルーティーンを構成するときには、どの目的のためのルーティーンなのかを考えることが大事です。

競技会では、人数編成や演技構成、ユニフォームや安全性についてなど、様々な規則が設けられています。これらをクリアした上で演技を構成するのは当然ですが、それにプラスして自分たちの個性や能力を発揮できる構成を考えます。

一方、イベントの場合には、どんな主旨のイベントで誰が見に来るのかなどを考えて作ります。応援の場合には、どんなスポーツのどんな大会なのか、またそのスポーツのルールに合わせた応援方法を知っておく必要があります。

POINT 1 個性を活かした演技を見せる

得意とする技を入れたり、個性を活かした構成を考えると魅力的な演技ができる。難易度の高い技は華やかで、競技会では高得点に繋がるが、練習で失敗の多い技は入れるべきではない。自分たちの能力の範囲内の演技構成にすることも大切だ。

POINT 2 競技会ごとにルールが異なる

競技会に出場する場合は、競技会ごとに演技構成や人数編成が異なるので、その都度、ルールを確認し、それに則った演技構成を考える。また、会場の環境も知っておくと良いだろう。規則に違反した場合には減点の対象となるので注意しよう。

POINT 3 観る人の年齢層で演技構成を変える

イベントで演技を行う場合、観る人を惹きつけ、楽しませることが目的となるので、観客がどの年齢層なのかを考えて演技構成を考えること。また、イベント名やイベントの種類を知っておくことで、観客を楽しませる構成を作ることに役立つ。

ワンポイントアドバイス

失敗しても慌てず カウントを忘れない

演技中に例え失敗してもすぐに気持ちを切り替え、次の技へ移行する。パニックに陥ってカウントを見失ってしまうと、次のスタンツでも遅れが出てしまう。カウントには常に気を払い、冷静さを保って演技を続行しよう。

コツ 43

ルーティーン作りのポイント

カウントがわかりやすい曲を選ぶ

CHECK POINT
1 盛り上がりのあるカウントしやすい楽曲にする
2 配置表やカウント表を作成する
3 確実にできるスタンツを組み込む

カウントを意識して選曲する

ルーティーンを作るときは、まず最初に楽曲を決めます。楽曲を選ぶ際は、カウントがとりやすい曲を意識して選ぶと良いでしょう。また、テンポが速すぎたり、逆に遅すぎる曲は演技をしにくいので避けた方が無難です。

楽曲が決まったら、メンバーの配置表とカウント表を作ります。これらの表には決まった形はありませんが、どのカウントでどう動くのかを明確に書き表すようにします。

スタンツを組み込む際には、難しい技にチャレンジすることも大切ですが、本番では確実にできる技のみを入れましょう。本番では流れの中でスタンツを行います。演技を最初から最後まで通しで行っても美しく魅せることができるスタンツを選ぶことが大切です。

POINT 1 楽曲選びでは カウントを意識

楽曲を選ぶときは、カウントしやすい曲を選ぶ。8カウントの曲は、カウントがとりやすく、演技構成を考えやすいのでおすすめだ。また、選んだ楽曲のどこが盛り上がる部分なのかを把握し、そこにどんな技を入れるかを考えて構成する。

POINT 2 流れを把握する 配置表とカウント表

楽曲が決まったら、配置表とカウント表を作り、全体の流れを書き記していく。決まった書き方はないので、わかりやすく記せば問題ない。配置は、人の流れがバラバラにならないことを意識して作ると、より質の高い演技ができる。

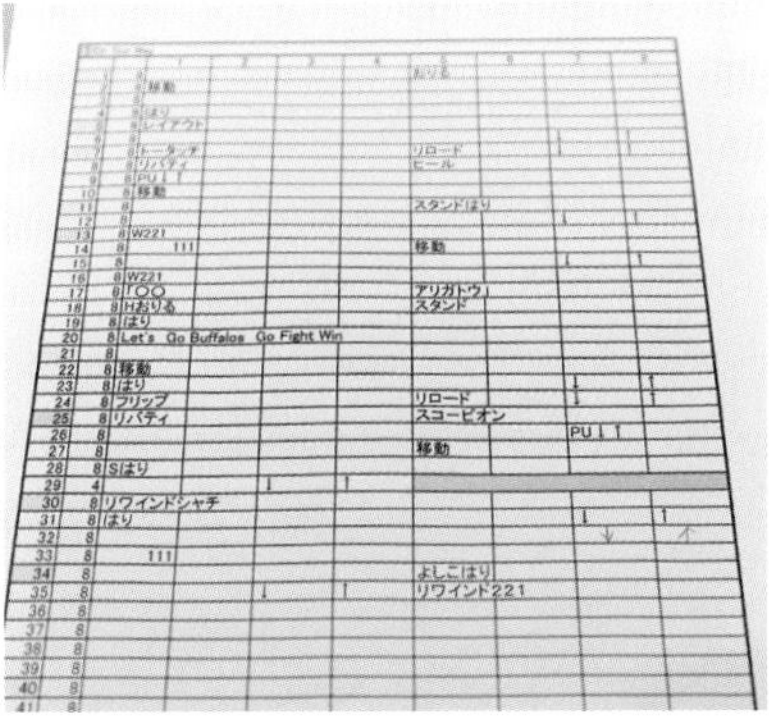

		1	2	3	4	5	6	7	8
1	8								
2	8	移動							
3	8								
4	8	はり							
5	8	レイアウト							
6	8								
7	8	トータッチ				リロード			
8	8	リバティ				ヒール			
9	8	PU↓↑							
10	8	移動							
11	8					スタンドはり			
12	8								
13	8	W221							
14	8	111				移動			
15	8								
16	8	W221							
17	8	TOO				アリガトウ			
18	8	Hおりる				スタンド			
19	8	はり							
20	8	Let's Go Buffalos Go Fight Win							
21	8								
22	8	移動							
23	8	はり						↓	↑
24	8	フリップ				リロード		↓	↑
25	8	リバティ				スコーピオン			
26	8							PU↓↑	
27	8					移動			
28	8	Sはり							
29	4			↓	↑				
30	8	リワインドシャチ							
31	8	はり						↓	↑
32	8							↓	↑
33	8	111							
34	8					よしこはり			
35	8			↓	↑	リワインド221			
36	8								
37	8								
38	8								
39	8								
40	8								
41	8								

POINT 3 完成された スタンツを入れる

スタンツ単独で1～2度できた程度の技は、習得したとはいえない。本番では、演技の流れの中で行うため、確実にできる技でないと失敗する恐れが多いからだ。チャレンジすることは大切だが、演技構成には自信を持って披露できる技のみを組み込もう。

ワンポイントアドバイス

ダンスやジャンプを効果的に入れよう

スタンツとスタンツの間には、ダンスやジャンプを入れて、演技をより華やかに見せると良い。競技会ではジャンプが必須項目となっていることもあるので、あらかじめ把握し、どこに入れればより効果的に見せることができるかを考えよう。

コツ 44

ダンス 楽しく力強く踊り観客を楽しませる

CHECK POINT

1. ダンスパートで楽しさと力強さを表現する
2. 音楽に合わせて全員が同時に動く
3. フォーメーションを変えて華やかに見せる

力強い動きと笑顔を忘れずに

チアリーディングのダンスは、一般的なダンスのほかに、元気の良さを表現したり、力強い動きを見せるのが特長です。様々なダンスの要素を取り入れるなどして、飽きさせない構成を考えましょう。

また、団体競技ですので、シンクロ性も重要です。体の向きや角度を揃えることを意識しましょう。大きくフォーメーションを変化させても、美しく、楽しく見えます。

演技中は常に笑顔を見せるのがチアリーディングの基本ですが、特にダンスパートでは楽しさを表現するためにも、表情も工夫して、観客を惹きつけるダンスを披露しましょう。

POINT 1 楽しく力強くを意識する

ダンスパートで大切なのは、観客を楽しませること。そのためには、表情豊かに、笑顔を絶やさず、自分自身が楽しんで踊ろう。また、力強い動きを入れると、よりチアリーディングのよさが伝わりやすい。

POINT 2 音楽をよく聞いて音に合わせて踊る

慣れるまではゆっくりのテンポで練習するのもよいが、本番では音にしっかりと合わせて踊ることが重要。踊りながらも音楽を聞き、全員が揃って動けるように練習する。選曲の際には、ダンスパートのことも考えて楽曲を選ぶとよいだろう。

ワンポイントアドバイス

脚や腕の角度にも注意しよう

全員の動きがシンクロしていると、より美しく見え、観客を惹きつけることができる。そのためには、体の向きや脚や腕の角度にも注意し、動きを揃えること。全員でカウントを声に出して練習すると、タイミングをとりやすくなる。

POINT 3 フォーメーションを変化させる

ダンスをしながらフォーメーションを変えると、より楽しさと華やかさを演出できる。また、その後のスタンツを行いやすい場所へ移動するという意味でも、様々なフォーメーションを取り入れてダンスを構成するのが良い。

コツ 45

通し練習

スムースに動けるよう通して練習

スムースに動くことを意識しよう

ルーティーンが決まり、それぞれのスタンツやダンスができるようになったら、曲の最初から最後までを通して練習します。特に、技と技に移行するときに、間がスムースに動けているかを確認しましょう。

CHECK POINT

❶ 技と技の間はスムースに

※写真は練習の一部です。練習内容はルーティーンによって異なります。

PART 7

トレーニング

コツ 46

スキルアップにはトレーニングが必須

トレーニングの必要性

CHECK POINT

❶ スタンツでトップを支える腕力を鍛える
❷ 体幹を鍛えることがスキルアップにつながる
❸ 高いジャンプでは脚力は必須

筋力をつけて より美しい演技を目指す

スタンツを始め、チアリーディングでは身体の様々な部位の筋力が必要になります。また、基礎的な体力をつけ、体幹を鍛えることは、技術力の向上につながり、ケガを予防します。

特に鍛えたいのは、体幹、腕、脚です。これらは、スタンツやジャンプを美しく見せるために欠かせない筋力です。

基礎的な体力がつくまでは、自重トレーニングを中心としたメニューをこなしましょう。道具を使わずに行えるので、自身の能力レベルに合わせて自宅や空き時間でもトレーニングすることができます。

ある程度の体力が身についたら、ダンベルやマシンなどを使ったトレーニングも行います。

POINT ❶ ベース・ミドルには腕力が必要不可欠

スタンツは、腕力だけでトップを持ち上げるわけではないが、腕力をつけることで安定してスタンツを行えるようになる。初心者は、腕立て伏せなど、自分でできるトレーニングから始め、徐々に負荷を上げていこう。

POINT ❷ 体幹を鍛えて技術力を上げる

すべてのスポーツで技術力向上のために必須とされているのが体幹トレーニングだ。チアリーディングも例外ではない。姿勢を保ち、トップを支えるためにも、また足場が安定しない場所でポーズをキープするためにも体幹の筋肉が重要となる。

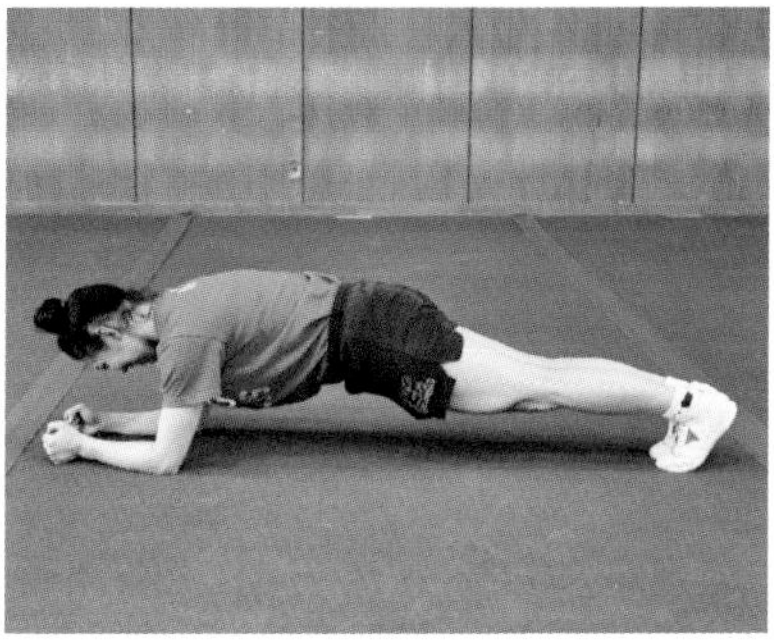

POINT ❸ 脚力を鍛える

チアリーディングでは、脚力が重要だ。ジャンプやタンブリングでは技術の高さやスピード感を出すために脚力が必要になり、スタンツでも、飛ばしたり投げ上げたりする動作は脚力が要求される。

ワンポイントアドバイス

さまざまな方法で筋力をつける

同じようなメニューばかりでは、筋肉を全身にまんべんなくつけづらい。ミニハードルやラダーを使ったトレーニングなど、さまざまな方法を取り入れて効率よく筋力をつけよう。ダンベルやマシンなどの道具を使うのも有効だが、その際には必ず専門家の指導を受ける。

コツ 47

ストレッチ

安全性、柔軟性を高めるためにストレッチを行う

チアリーディングには柔軟性も必要不可欠

脚を大きく開いたり、高く上げたりと、チアリーディングには柔軟性が必要不可欠です。柔軟性を高めるためには、日頃からストレッチを行い、股関節の可動域を広げることが大切になります。毎日繰り返すことで、少しずつ可動域が広がっていきます。

また、ストレッチは筋肉の緊張を和らげる働きもあるため、ケガの予防にもなります。そのため、練習の前後には必ず行いましょう。

ここでは、代表的なストレッチを紹介します。いずれも、呼吸を止めず、ストレッチしている部位を意識しながら行います。ゆっくりと勢いをつけずに筋肉を伸ばすのがポイントです。

胸が脚につくまでゆっくり倒す

脚を前に出して座り、両手を頭上に上げる。背スジを伸ばしたまま、ゆっくりと息を吐きながら前に倒す。写真のように、頭と胸が脚につくまで倒すのがベスト。

身体を横に倒しワキ腹を伸ばす

脚を左右に開脚し、身体を真横に倒して耳を脚につける。右に倒したら左手で、左に倒したら右手で脚のツマ先を触れるくらいしっかりと体側を伸ばそう。その際、お尻が持ち上がりやすいので、しっかりと床につけたまま行う。

脚を前後に開脚する

脚を前後に開脚する。開脚しても身体が傾かないように注意しよう。トップは特に前後左右の開脚で 180 度開くようにしたい。開脚が美しくできなければ、アラベスクやスコーピオンなどのポーズはきめられない。

ワンポイントアドバイス

脚を持って高く上げる

壁を背にして立ち、脚を持って頭上に上げてもらい、モモからふくらはぎを伸ばす。より柔軟性を高めるためには、ペアを組んでストレッチを行うのも良い。トップは特に柔軟性が必要なポジションなので、こういった強度のあるストレッチにも励みたい。

コツ 48

腕の筋力を鍛える

自重トレーニングを積極的に行おう

自重トレーニングを中心に練習メニューに組み込む

ベースは、トップを下から支え、持ち上げたり、姿勢を保つためにも腕の筋力が必要です。安定したスタンツを行うためにも、二頭筋や三頭筋を中心に筋力トレーニングを行いましょう。

練習には、自重トレーニングを組み込み、定期的に適度な回数を行います。ある程度の筋肉がついたら、週に2～3回、ウエイトトレーニングもプラスしましょう。

また、トレーニングは正しい方法で、効かせる筋肉を意識して行うことが大切です。構え方が少し違うだけでも、効く部位が変わってしまいます。どの部位を鍛えるのかを考えながら行い、目的の部位が鍛えられているかを実感しながら行います。

ヒジを閉じて腕立て伏せをする

ヒジを閉じて腕立て伏せを行うことで、三頭筋や二頭筋を鍛えられる。腕を広げると、胸筋への負荷が強くなるため、より腕に特化して鍛えられるよう、ヒジをゆっくり閉じる。ゆっくりと息を吐きながら曲げ、息を吸いながら身体を上げる。これを 15 回ほど繰り返す。

腕を前後に開いて腕立て伏せ

腕を前後に開いた腕立て伏せは、左右の腕にかかる負荷が変わる。指先を正面に向け、視線は自然と床に向けて、ヒジをゆっくりと曲げる。左右の腕を変えて、各 15 回ずつ繰り返す。腕の筋力がない人は、これらの腕立て伏せを、毎日のトレーニングに組み込むと良いだろう。

コツ 49

体幹を鍛える

体幹を鍛えてパフォーマンス向上

体幹が安定するとバランス力アップに

どんなスポーツにおいても、身体の軸を保つために必要な体幹はトレーニング必須の部位です。チアリーディングも例外ではありません。

体幹とは、いわゆる胴体部分の筋肉のことです。ここを鍛えることで、すべての動作がスムースになり、パフォーマンスが向上します。また、軸を保つことができるようになるため、バランスをとりやすくなったり、正しい姿勢をキープするのにも役立ちます。

さらに、体幹のインナーマッスル(身体の内側の深い部分にある筋肉)に働きかけるトレーニングをすることで、身体の軸がぶれることなく、安定して動けるようになります。

背骨をまっすぐにして体勢をキープ

ヒジから先を床につけ、腕立て伏せの姿勢になる。背骨をまっすぐに保つことがポイント。肩甲骨の間が落ちてしまうと効果がないので、注意しよう。10 秒この姿勢を保つ。

横向きで寝て脚を上げる

ヒジから先と足の側面を床につけ、横向きで寝る。腰を上げて、体をまっすぐに保つ。床についていない手を天井に向かって上げ、上側の脚を体と平行に上げる。ツマ先は床と平行もしくは下向きにすること。

脚と腕を交互に上げてキープ

体幹をキープした姿勢から、左腕と右脚を上げる。脚と腕が一直線にクロスになること、背中がまっすぐになることを意識しよう。その後、入れ替える。

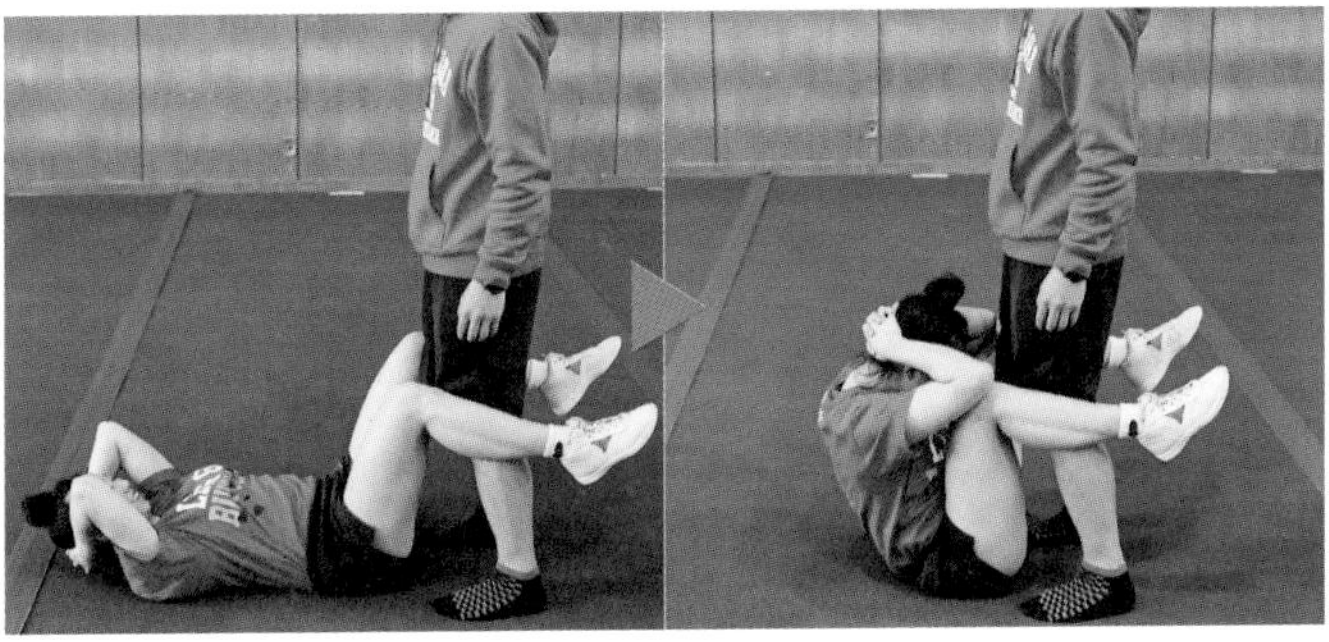

内転筋を使って腹筋をする

ペアでトレーニングが行える場合には、腹筋も行う。脚の間に立ってもらい、脚を曲げて挟む。そのままの姿勢で腹筋を行う。この方法で行うと、内転筋を使ったトレーニングができる。

コツ
50

脚力を鍛える

ケガ予防のための脚力トレーニングをする

ケガをしにくい姿勢を覚えよう

脚の筋肉は、ジャンプやタンブリング、スタンツなど様々な技に必要となる筋肉です。

体力をつけるために、まずはスクワットなどの自重トレーニングを行います。

チアリーディングは、ヒザを痛めやすいといわれます。トップは高いところから着地をしたり、ベースはクレイドルキャッチでトップを支えたりと、ヒザに負担がかかります。そのため、自重トレーニングでは、太腿に筋力をつけると同時に、痛めにくい脚の使い方も覚えます。

さらに、ジャンプの練習も行いましょう。ミニハードルを使ったトレーニングをすることで、筋力アップとともに、脚のケガ予防につながります。

ヒザは内側に入れてはいけない

腰に手を当てて、スクワットを行う。ツマ先の上にヒザを乗せる感覚で行い、前に出過ぎないように注意しよう。また、ヒザが内側に入りやすいので、気をつける。ヒザが内側に入ると、ケガの原因になるので、内側に入るクセがある人は、このトレーニング時に意識して直すこと。

くるぶしの上にヒザを乗せる

片足を前に一歩出して、ヒザを曲げ、後ろ足のヒザから背中が一直線になるような姿勢を作る。その後、足を戻して反対側も行う。スクワットと同じ要領だが、片足になるとより難しいので、ヒザの位置を意識しながら行おう。

ミニハードルを使ってジャンプの練習をする

ミニハードルを床に置き、両足で前後左右、片足で前後左右に5往復ずつ飛ぶ練習を行う。カカトを上げて飛ぶのではなく、ヒザを身体に向かって引き上げるよう意識してジャンプすること。また、片足でのジャンプを行いすぎると疲労骨折の原因にもなりやすいので、やりすぎには注意しよう。このジャンプを日々の練習に取り入れることで、靭帯のケガを防ぐのに役立つ。

監修者紹介

岩野《いわの》　華奈《かな》

筑波大学在学中にチアリーディングに出会い、競技者を経て、その後指導者としての実力が周知され日本代表のコーチに就任。2003 年には、創部されたばかりの帝京大学チアリーディング部「バッファローズ」のコーチに就任し、2008 年監督に就任。その後、2014 年、2017 年、2018 年、2020 年全日本学生選手権優勝、JAPAN CUP2020 優勝、第 1 回世界大学チアリーディング選手権大会 PREMIER ALL FEMALE 部門優勝へと導く。第2回、3回、4回、5回、7回の世界選手権大会ではナショナルチームのコーチを務め、同校からも多くの日本代表チームメンバーを輩出。安全な活動の啓蒙、指導者の育成にも力を入れ、チアリーディングの発展に尽力している。

モデル紹介
帝京大学チアリーディング部　バッファローズ

スタッフ

デザイン　さいとうなほみ

カメラ　曽田英介、柳太

編　集　株式会社ギグ

チアリーディング　完全上達BOOK　新版

2021年10月30日 第1版・第1刷発行

監修者　岩野　華奈（いわの　かな）
発行者　株式会社メイツユニバーサルコンテンツ
代表者　三渡　治
〒102-0093 東京都千代田区平河町一丁目1-8
印　刷　株式会社厚徳社

◎「メイツ出版」は当社の商標です。

●定価はカバーに表示してあります。

©ギグ,2015,2021. ISBN978-4-7804-2538-3　C2075 Printed in Japan.

ご意見・ご感想はホームページから承っております。
ウェブサイト　https://www.mates-publishing.co.jp/

編集長:堀明研斗　企画担当:大羽 孝志／千代 寧

※本書は2015年発行の『チアリーディング　完全上達BOOK』を「新版」として発行するにあたり、内容を確認し一部必要な修正を行ったものです。